命運給予我們的——
不是失望之酒，
而是機會之杯。
——約翰・D・洛克菲勒

會設計運氣的人，就會設計自己的人生。

我們的命運由我們的行動決定，而不是由出生來決定！

John. D. Rockefeller

洛克菲勒

起點並不會決定終點

約翰・D・洛克菲勒 著　　林郁 主編

關於本書

我們經常聽到「有錢人想的和你不一樣」這句話，有錢人對於投資理財自有一套獨特見解，像是「有錢人努力讓自己有錢，窮人則一直想著要變得有錢」、「窮人用時間換薪水，有錢人則用成果換財富」、「窮人專注於薪水，有錢人則專注於提升自己淨值」……

說到這個，不禁讓人想到美國歷史上第一位億萬富豪約翰・D・洛克菲勒（John Davison Rockefeller）曾經說過一句名言：「如果把我身上的衣服全剝光、一個子兒都不剩，再扔到荒無人煙的沙漠，只要有一支商隊經過，我還是會成為億萬富翁！」

第一次看到這句話時，說實話心裡感到滿震驚的「有錢人的思考模式確實有其天賦異稟，與你我想的不一樣！」難怪有人說思維能左右你的一生，更進一步說——是人類的思維在運作整個世界！

洛克菲勒身型削瘦，沉默寡言，喜怒不形於色。他行事異常低調，極少參予公眾活動，也少對媒體曝光。他終身不煙不酒不賭，生活嚴格自律，甚至對奢侈品有種近乎過度的反感，也對晚輩如此要求。兒子小約翰・洛克菲勒回憶：「我小時候常常在穿姊姊穿過的舊衣服。」

他25歲結婚後直到去世，再也沒有第二段男女關係。他工作以外的活動主要有二：教會與高爾夫球。他固定在禮拜日上教堂，每日讀聖經。高爾夫球是他長年的最大娛樂，一直到約94歲他才停止假日打球的習慣。

洛克菲勒於一八六四年與蘿拉・斯佩爾曼（1839-1915）結婚。婚後生有四女一子，年齡最小也是唯一的兒子就是著名的小約翰・洛克菲勒（1874-1960）。

洛克菲勒的事業先是一段漫長而充滿爭議的商業歷程，之後是一段漫長的慈善歷程，他在人們心中的形象非常複雜。他過去的競爭者中，許多被逼向破產，但也有許多將資產賣給他而獲得可觀的利潤（或交換標準石油的股份），甚至有些人因此而成為富豪。

傳記家艾倫・倪文斯，曾對洛克菲勒的反對者如此回答他的結論——

「洛克菲勒的巨大財富不是從別人的貧困得來的。他不是像隕石那樣的破壞一切而前進，而是經過四分之一個世紀的大膽冒險，在一個許多資產家都不敢踏入的新興危險領域中冒險。他也有努力的員工，更有比過去美國工業家們更為睿智而有遠見的計劃。一八九四年，石油的商機並不比鋼鐵、銀行或鐵路來得多。這位巨人聚集他的財富，又顧到別人的利益，這是最挑戰我們傳統認知的地方。我們有很多的證據顯示，洛克菲勒一向會給競爭對手合理的補償，可能是現金，可能是股票，再逼他們退出。

「一個公正的歷史學家，應該認為洛克菲勒比卡內基對競爭者更為仁慈。我們可以得到這個結論：『他的財富和其他同時代的巨富們相比，是最不骯髒的！』」

《洛克菲勒自傳》講述了美國石油大王——約翰・D・洛克菲勒，美國歷史上最富有的人傳奇的一生。自16歲從商到55歲退休，洛克菲勒創造了美國的商業神話，從無到有創建自己的財富大廈，譜寫了平民階層奮鬥崛起之歌，是「美國精神」的耀眼典範。

以一個週薪5美元起家的簿記員，竟然能從九千多萬人（美國一九一〇年當時的人口）的行列中脫穎而出，成為全世界的石油霸主。以一個移民家庭而言，洛克菲勒也是「美國夢」的開創者。

可他的成功卻不是「美國夢」所造就的，反而是他締造了「美國夢」。他憑藉著精明的眼光與堅定的信仰，以及異乎常人的膽識、不斷地開疆闢土、過關斬將，以節儉勤奮進取的精神，開創出全球第一個由平民所創造的財富大帝國！

目錄

第2章 獲取財富是一門藝術

第3章 世界上最簡單的經營哲學

第4章 職場人生：一本生意經

第5章 商海沉浮的一些經歷和原則

寫在前面

約翰・D・洛克菲勒

在生命的某個階段，或許每個人都會去重拾年輕時的記憶片段，回想起往日時光中的點點滴滴，敘述著那些大大小小的開拓故事，有汗水也有歡笑，有艱辛也有成果……逐發覺自己正在變成這樣一個絮絮叨叨的老人，在本書中，我將記錄下一些在我生命中出現過的人，發生過的事。

在某種程度上，我所交往的是這個國家裡最優秀的人，特別是在商界——這些人建立起美國的商業王國，他們生產的商品遠銷全球。我所要記錄的事件對我而言具有相當重大的意義，因為它們在我記憶中留下了永不磨滅的印記，而且時常活躍著！

但如何把握公開個人隱私的尺度，或者說如何保護自己免受非議，是一個頗具爭議性的問題。過度地談論自己的經歷會有自大自誇的嫌疑；而保持緘默有時更會遭來誤解，因為人們會認為你就輕避重而無法證明你的正當性。

我並不習慣將我個人生活的公諸於眾；但既然我的家人和朋友認為我有必要對一些非常具有爭議性的問題提出解釋，以免留下遺憾，我覺得我應該聽從他們的建議，同時也可以重拾那些在我生命中的珍貴記憶。

撰寫這本回憶性質的文字還有另外一個原因——如果人們傳言的事情有十分之一是真的，我那些能幹、忠實的朋友一定會覺得蒙受深冤，他們中很多人已經與世長辭。而我自己本來已經決定保持沉默，相信在我離開這個世界之後，真相會昭白於天下，歷史會做出公正的裁決，但既然我活著，並且可以證明一些事情，似乎我應該澄清這些引發廣泛討論的事件。我確信它們仍未得到充分的瞭解。

所有這些關乎逝者的聲譽以及生者的生活，公眾在做出判斷之前，有權利瞭解第一手的真相。

當初動手寫這本回憶性質的文字時，我並沒有希冀將它出版成書。我甚至沒有把它當成一部非正式的自傳，更沒有考慮順序、次序以及（做為一本書）完整性的問題。

聊起這些多年來患難與共、親密無間的合作夥伴與同事，我感到無比的開心和知足。同時我也意識到：雖然這些記憶對我來說是一筆珍貴的財富，但是長篇大論會令讀者厭煩，所以我只提到這其中的一些朋友，正是他們的打拼，才能造就了我商業上的成功。

一九〇九年三月

·第 1 章·

一群忠實可靠的朋友鑄就了公司基石

這本書記錄的是一些零散的、個人的回憶，所以請容我絮叨這麼多小事。回首我的一生，腦海中浮現的最清晰的畫面便是我的老同事。在這裡談及這些朋友，並不是表示其他朋友對我來說不那麼重要。在後面的章節中，我會談談我早期的朋友。

我們並不總記得和一位老朋友第一次見面時的情節或印象，但我永遠不會忘記第一次見到標準石油公司現任副總裁阿奇博德先生（John D. Archbold）時的情景。

那是三十五或四十年前，當時我在全國各地考察，與生產商、煉油廠、代理商等接洽，並開始熟悉石油行業。

1 阿奇博德

有一天，油田附近有個聚會。我到達的時候，酒店裡已經聚滿了石油業界的人士。我看到簽到簿上有一個大大的簽名：阿奇博德，每桶4美元。

這個年輕的傢伙熱情高漲、個性十足，他在簽名後面加上了他的口號——「每桶4美元」，這樣便沒人能懷疑他的信念了。每桶4美元的口號非常聳人聽聞，因為當時原油的價格遠低於這個數目，這一口號果然奏效，吸引了很多人的注意——每桶4美元的價格，簡直高得令人難以置信。

即使最後阿奇博德先生不得不承認原油的價格遠遠達不到「每桶4美元」，但他始終保持著他的熱情、活力和堅定的信念。

他有一種渾然天成的幽默感，在一個很嚴肅的場合——出庭作證時，當對方律師問他：「阿奇博德先生，你是公司的董事嗎？」

「我是。」

「你在公司裡擔任什麼職位？」

他立刻回答：「我是在爭取多一些的分紅啊！」他的回答將學識淵博的律師們吸引到另一個問題上。

我一直都驚歎於他工作的努力。我現在不常見到他，因為他手上有很多重要的工作，而我則像個農夫一樣，遠離喧囂的商界，每天打高爾夫，種種樹；即使這樣，可我還是覺得很忙，時間實在不夠用。

提起阿奇博德先生，不得不提一下，我得到了標準石油公司很多的信任。我很榮幸可以聯合那麼多有能力的人，現在他們都是公司中舉足輕重的人物。我與他們共事多年，但真正讓公司挺過難關的人是他們這些人。

我大部分的同事都是多年以前結交的，到了現在這個年紀，經常都是一個月不

到（有時我甚至覺得是一個星期不到）便收到一位同事的「訃告」。最近我計算了一下已經去世的老同事，還未算完，發現已經有六十多位了。他們是忠實、真誠的朋友；我們一起經歷了無數困難和考驗。

我們曾一起討論、一起爭論、一起斟酌，直到對問題達成共識。我們坦誠相對，同甘共苦，對此我一直深感欣慰。如果失去這一基礎，商業夥伴是不可能取得更大的成功。

讓一群決心堅定、態度強硬的人達成共識不是件容易的事。我們的做法是耐心地傾聽，開放地討論，直到每個人都清楚瞭解彼此的想法，才告一段落，並最終決定行動的進程。在眾多合作夥伴中，保守派占了大多數。這無疑是件好事，因為大企業通常只顧著一味擴張。成功人士一般都很保守，因為他們面臨的風險更大（因為他們會害怕失去既有的成果）值得慶幸的是，企業中總有一些野心勃勃，勇於冒險的人，他們通常是年紀最小的，或許人數並不多，但卻敢做敢為並且令人信服。

他們希望有所作為，並付諸行動，而且他們不介意承擔工作壓力和責任。我對保守派遭遇激進派的一次經歷印象深刻——可以稱之為激進派嗎？——或者說敢於冒險的一些人。不管怎樣，我是屬於激進派的！

2 爭論與資金

一位已建立龐大家業並且事業蒸蒸日上的合作夥伴，堅決反對我們提出的企業改進方案。這個企業擴展的方案將耗資約三百萬美元——在當時是一個非常龐大的數目，我認為。我們反複討論，分析了所有利弊，並且動用一切能夠想到的論據，證明這一方案不僅可以讓我們獲得更大的利益，而且對我們保持原有的領先地位至關重要。不過，這位合作夥伴卻依然固執己見，堅決不屈服，我甚至可以看到他擺出抗議的姿態，雙手插在褲兜裡，頭向後仰，大聲吼道：「不行！」

一個人堅決捍衛自己的立場而不去考慮現實條件，是令人很無奈的事情。他已經失去了清楚的判斷，他的思維此時已經停滯，只剩下固執的抵抗。

我前面已提到，這個改進方案至關重要，必須得到實施。但是我們不能和我們的合作夥伴翻臉，儘管我們中的一小部分人已經決定無論如何要讓他屈服。

於是，我們嘗試通過另一個角度說服他：「你說我們沒必要花這個錢？」

「完全沒必要，」他說，「這麼大的投資很多年後才能得到收益。現在沒有必要建你們說的那些設施，工廠現在就運行得很好——保持現狀就夠了。」

我們的這位合作夥伴博學多識，經驗豐富，資歷老，並且對石油行業比我們一些人熟悉，這點我們都承認；但就像我所說的，我們已經決定爭取他的認可，如果不行我們也願意等。當爭論漸漸平息下來，我們又聊起這個話題。我已經想到了用一種的新的方式來說服他。

我說：「我來承擔風險，我自己出資金。如果獲利了公司可以償還我資金；如果虧損的話，就由我自己承擔。」

我的話打動了他。他的保留態度消失了，說：

「既然你都這樣說了，那就由我們大家共同承擔吧。如果你可以承擔這個風險，我想我們也可以。」

我認為，所有企業都面臨著掌握發展步伐的問題。當時我們發展得很快，到處大興土木，擴展版圖。我們不時面臨著來自突發事件的挑戰。

發現新油田，幾乎一夜間便必須制造出用於儲存原油的油罐。舊的油田日漸枯竭，於是我們面臨著雙重壓力，一方面我們必須放棄舊油田一整套完善的設備，另一方面又必須在完全陌生的新油田附近建造工廠，擔任儲存和運輸功能。這些都是石油貿易之所以為風險行業的原因，但我們有一個勇於冒險的團隊，在我們的理念中，企業的成功在於有效地處理風險和機遇的考驗。

我們一次次地討論這些棘手的問題！有些人急於求成想突破困難面對挑戰，有些人則想穩紮穩打地一步一步的前進。這是一個妥協的過程，但每次我們都將問題擺上桌面，逐一解決，不像激進派所希望的那麼衝動，也不像保守派所喜歡的那麼謹慎，但最後雙方總能達成共識。

3 成功的喜悅

在我最早的合作夥伴之一——亨利・莫里森・弗拉格勒先生（Henry Morrison Flagler）一直是我的學習典範。他總是往前衝，嘗試各種各樣偉大的專案，並且一直樂觀向上，公司早期的發展很大程度上應歸功於他令人驚歎的努力。

取得像他這樣成就的人，大部分都希望退休享受安逸的生活，但他的使命似乎在於孜孜不倦地奮鬥終生。他獨自承建了佛羅里達州東海岸鐵路。他不滿足於策劃建造聖・奧古斯丁至西嶼的鐵路——鐵路全線長六百公里，對幾乎所有人來說都可以認為是事業的巔峰了——還建立了一系列豪華酒店吸引遊客到這個新開發的國家來。更為難能可貴的是，他對一切運籌帷幄，並取得了巨大的成就。

這個人通過他自身的幹勁和資金，帶活了一大片國土的經濟。本地的居民和新到的移民擁有了自由貿易的市場。他為千千萬萬人創造了工作機會；而他更為重要的成就在於幾乎完成了一項工程上的偉績，如多年前所計畫的，穿越大西洋，建造從佛羅里達礁島群至西嶼的鐵路。

所有這些都是在大多人認為已經到達事業頂峰之後所做的，任何一個位於他所處高度的人都會退休享受自己勞動的果實。

初識弗拉格勒先生的時候，他的工作是為克拉克・洛克菲勒公司代銷產品。這位年輕人精力充沛，幹勁十足。在我們向石油行業發展的時候，他作為一名代銷商，與克拉克先生在同一棟樓裡工作，當時克拉克先生已經接管了克拉克・洛克菲勒公司。不久他便買下了我第一個合夥人克拉克先生的股份，併購了他的公司股份。

我們之間的接觸自然地多了起來，最初的生意夥伴的關係發展為友誼，因為生活在克利夫蘭這樣的小地方的人的關係比生活在紐約這種地方的人要緊密得多。當

石油貿易開始發展，我們需要更多說明的時候，我一下子想到了弗拉格勒先生。我誠邀他放棄委託貿易，加入我們的行列。他接受了我的邀請，並由此開始了我們終生的友誼。這是一種基於商業合作的友誼，弗拉格勒先生曾說過，這種關係遠遠好過基於友誼的商業合作。我後來的經驗證實了他的正確性。

我們肩並肩走過了許多歲月；我們的辦公桌在同一個房間。我們都住在歐幾里得大道，離得很近。我們相約去上班，一起回家吃午餐，午餐後回辦公室，傍晚一起回家。路上沒有辦公室裡的打擾，我們一起思考、交談、計畫。弗拉格勒先生起草了幾乎所有的合約。他總是能夠清晰而準確地表達合約的目的和意圖，避免產生誤解，並且對簽約雙方公平公正。還記得他經常說，做事情必須用相同的標準考慮雙方的權益，而他也正是這樣做的。

有一次，弗拉格勒先生毫不猶豫地接受了一份合約，連一個問題都沒問，我感到很吃驚。那次我們決定買一塊地建煉油廠，當時這塊地在一位熟悉的朋友約翰•歐文（John Irwin）名下。歐文先生在一個馬尼拉信封（牛皮紙）背面起草了買賣合約。合約的條款和其他合約類似，只是有一處地方寫了「南面的分界線到毛蕊花杆處」之類的。我覺得這個定義有點模糊，但弗拉格勒先生說：

「好的，約翰。我接受這份合約，但我希望將毛蕊花（這種植物原生於非洲，後來才引進美洲、澳洲）杆處換為合適的標樁處，這樣整份檔案會更加準確而完整。」確實是這樣。我甚至想說有些律師可以拜他為師，學習起草合約，但可能法律界的朋友會覺得我偏心，所以我不會強求。

弗拉格勒先生另一件讓我欽佩的事情是，在公司發展的早期，他堅持煉油廠不能依照當時的慣例，建得很簡陋。每個人都擔心石油會消失，花在建築上的錢會打水漂，所以當時的煉油廠都是採用最少的資金建造。這是弗拉格勒先生反對的做法。雖然他不得不承認油井可能會枯竭，石油貿易面臨著巨大的風險，但他始終認為既然我們選擇了這一行業，就必須精益求精；

我們必須擁有最好的設施；所有設備都必須堅固而牢靠；必須盡一切努力爭取最大的成功。他堅持著對高標準煉油廠的要求，似乎石油行業將經久不衰。他堅守信念的勇氣為後來的發展奠定了堅實的基礎。

今天仍在世的人回憶起年輕、樂觀、真誠的弗拉格勒先生無不點頭稱讚。

在克利夫蘭收購煉油廠時他表現得十分活躍。一天，他在街上偶遇一位德國的老朋友，這位朋友曾是個麵包師，多年前弗拉格勒先生賣過麵粉給他。他告訴弗拉格勒先生，他已經不做麵包生意了，現在建了個小煉油廠。弗拉格勒先生很驚奇，但他並不贊成他的朋友將一筆小資金投資建煉油廠，覺得肯定不會成功。開始時似乎他也幫不上什麼忙。但他一直記掛著這件事情，很明顯這件事情煩擾著他。最後他跑來跟我說，理由是——「那個麵包師懂得烤麵包遠多於煉石油，但還是想邀他加盟——否則我會覺得良心不安。」

當然我同意了。他和他的朋友談了一下，朋友開心地表示他願意出售煉油廠，但要我們派個估價師去他的工廠估價，這個不是問題，但新的難題出現了。麵包師對我們提供的價格很滿意，但堅持要弗拉格勒先生建議他收現金還是同等票面價值的標準石油公司的證券。他告訴弗拉格勒先生，如果收現金他便可以還清所有債務，免去許多煩惱；但如果買證券可以得到不錯的分紅的話，他想試一下，得到長期的收益。

他向弗拉格勒先生提出了一個難題，開始弗拉格勒先生拒絕為他提建議，他這個德國人堅持要弗拉格勒先生的意見。最後弗拉格勒先生建議他收一半現金還債，另一半買證券。他照做了，並且慢慢買了更多的證券，弗拉格勒先生從來不用為自己的建議而感到抱歉。

我相信我的合作夥伴在這件事情上所花費的時間和思考，絕不亞於對待他自己的任何一件大事，而這件事情同時也可以作為考量一個人的標準。

4 友誼的價值

這些老人家的故事，對年輕一代來說可能沒有什麼吸引力，但它們並不是完全沒有意義的。即使故事有些乏味，但它們可以讓年輕人認識到生命的每個階段裡朋友的價值。

朋友有很多種。所有朋友都應該保持聯繫，因為擁有各路朋友很重要，雖然朋友肯定有親疏之分；隨著年歲的增長，對這一點的體會便越深。有一種朋友，在你需要幫助的時候，總是恰好不能幫忙。

「我不能借款給你，」他說，「因為我和合作夥伴之間有協議。」

「我非常願意幫你，但這個時候確實不方便。」諸如此類……

我的意思並不是指責這種友誼。有時候是性格使然，有時候朋友只是心有餘而力不足。我的朋友中這一類是比較少的，大部分都屬於為朋友兩肋插刀的類型。我記得有一位朋友，從第一次見面起便對我十分信任。他的名字是哈克內斯（S.V. Harkness）。

有一次，一場大火將我們的石油倉庫和煉油廠在幾個小時內夷為平地。雖然可以向保險公司索賠幾十萬美元，但我們仍擔心索賠這麼大的數目會耗費很多時間。工廠必須馬上重建，資金的問題亟待解決。哈克內斯先生對我們的生意頗感興趣！於是，我對他說：

「我可能需要向你借些錢。我不知道最後是否需要，但想先跟你提一下。」

他聽到了我的話，並沒有多問什麼。他是個沉默寡言的人。

他只說：「好的，我會盡我所能全力幫助你。」但回到家，我的煩惱解決了。在建築商要求我們付款之前，我們收到利物浦倫敦環球保險的全額賠款。雖然不用向他借款，但我永遠不會忘記他在危難之時慷慨真誠的幫助——一個承諾。

我很幸運地遇到許多這樣的朋友。在創業早期我是個大債主。公司發展很快，

需要大量的資金，而銀行總是慷慨地為我提供貸款。火災帶來一些新的狀況，我開始分析當前的情形，考慮我們的現金需求量。我們開始重視應急資金的儲備。

也在同一時期，有另一件事情證實了患難見真知的道理，但我是在多年以後才聽到了事情完整的經過。

我們曾與一家銀行有眾多的業務往來，我的一位朋友斯蒂爾曼·維特先生（**Stillman Witt**）是該銀行的董事。有一次，董事會正討論關於我們貸款的問題。為了讓其他成員沒有提出異議的機會，斯蒂爾曼·維特董事拿來他的保險櫃，指著保險櫃說：

「各位，這些年輕人信譽良好，如果他們想貸款，我希望銀行毫不猶豫地借給他們。如果你們還覺得不放心，這個保險櫃就是保證。」

當時，為了節約成本，我們通常採用水運的方式運輸石油，借很多錢來支付這些費用。我們已從另一家銀行貸了很多款，那家銀行的行長告訴我，董事會已經在過問我們的貸款，並且可能會約我面談。我回答道，可以與董事會見面，我深感榮幸，因為我們正計劃申請更多的貸款。不用說，我們申請到了貸款，但並沒有人約我面談。

恐怕我對銀行、金錢和生意討論得太多了。花費所有的時間，為掙錢而掙錢，是最無恥和悲哀的事情。如果年輕四十歲，我很願意再戰商界，因為與有趣、機智的人來往是很快樂的事情。但我有眾多興趣愛好用以打發時間，所以我更願意利用餘生去完成生命中未完成的計畫。

從16歲開始工作到55歲退出喧囂的商界，我工作了很長一段時間，但我必須承認期間我經常有一些很棒的假期，因為我有最精幹的團隊，最優秀的人才幫我分擔重任。

我是個注重細節的人。我的第一份工作是簿記員，我對數字和論據極其看重，不管是多麼細微的數據。早年，任何涉及會計的工作都會分派給我做。我有一種追求細節的熱情，而這正是後來我不得不強迫自己去克服的。

在紐約波肯提克山莊，我在一棟舊房子裡住了許多年。那裡優美的景色讓心靈得到釋放，我們過著簡單而平靜的生活。我在那裡度過了許多美麗的時光，研究美景和樹木，以及哈德遜河所形成的景觀效應，而那時我本應該分秒必爭地投身於我

的事業中的。所以我擔心自己會被認為是不勤奮。

「勤奮的商人」這個詞組讓我想起克利夫蘭一位舊識之友。他在事業上可稱得上是鞠躬盡瘁了。我曾與他談起我的一個愛好——人們稱之為園林藝術，但對我來說只是設計林中小徑之類的——他覺得非常無聊。35年來，這位朋友直接否定了我的愛好，認為商人不應該將時間浪費在愚蠢的事情上。

一個春意盎然的下午，我邀請他來觀賞我花園裡新鋪設的小徑（在當時，對於一個商人來說，這是一個衝動而魯莽的提議）。我甚至還告訴他我會熱情款待他。

「我來不了，約翰，」他說，「今天下午我手上有件重要的事情。」

「雖然這樣，」我還在勸他，「你看到那些小徑的話也許會很開心的——兩旁的大樹——」「約翰，繼續講你的樹和小徑吧。今天下午有條礦砂船到，我的工廠正等著它呢。」他心滿意足地搓著手——「即使錯過欣賞基督教界所有的林間小徑，我也不想錯過看它開進來。」

他為貝西默鋼軌合夥公司提供的礦砂售價每噸一百二十至一百三十美元，如果他的工廠停工一分鐘等礦砂，他便覺得正在錯過一生的機遇。

正是這個人，經常遙望湖面，精神緊繃，希望看到礦砂船的影子。有一天，他的一位朋友問他能不能看到船。

「看不到，」他不情願地承認，「但它時刻在我眼前。」

礦砂業是克利夫蘭最主要並且最具有誘惑性的行業。50年前，我的老雇主從馬凱特地區購進礦砂，價格是每噸四美元，再想想數年後，這個原來的園林主人以80美分每噸的價格整船購進礦砂，並由此發家。

這是我自己在礦砂業發展的經歷，但我將在後面再做記述。我想先提一下我堅持了三十年的愛好——園林藝術。

5 景觀規劃的樂趣

我自稱是個業餘的景觀設計師，很多人可能會感到驚訝！包括一些老朋友，我家裡甚至聘請了一位非常專業的景觀設計師，以確保我不會破壞我們的家。我們需要解決的問題是在波肯提克山莊尋找建房子的最佳位置。我認為我的優勢在於熟悉這裡的每一寸土地，每一棵蒼天大樹都是我的朋友，我對每一個角度的風景都瞭若指掌——我已經研究過上百遍了；於是在這位偉大的設計師畫出設計圖，立下標樁之後，我問道是否能夠讓我嘗試一下。

幾天後，我就畫出了圖紙，道路的設計剛好捕捉到上山途中最驚豔的風景，路的盡頭，河流在山巒間蜿蜒，白雲漂浮在空中，整座山莊的美景盡收眼底，這就是我所規劃的路線以及房子的最佳位置。

「仔細看看哪個方案更好，」我說。令我驕傲的是這位權威人士最終接受了我的方案，認為我的規劃可以展現出最漂亮的風景，並同意了房子的選址。我已經算不出我一共規劃了多少里的景觀路，但我經常為此殫精竭慮。我時常開車考察路況，直到天黑完全看不到路邊的標樁和標記。

與大家談論這些事情有點自吹自擂，但或許它們可以為我的故事增添一些趣味性，我的故事中，生意部分占了太大的比例。

我做生意的方式與同時期一些卓有成就的商人不同，同時也讓我更自由。即使在標準石油公司的事務轉移到紐約之後，我仍在克利夫蘭的家裡度過大半時間，直到現在仍是。在必要時我會去紐約，但基本上我都是通過電報處理事務，其他的時間用於發展自己的興趣——例如，規劃景觀路、植樹、培植森林和花苗。

在所有盈利的專案中，我認為收益最豐厚的是我們新開發的苗圃。我們在每個地方都保留了帳本，不久前，我查看將幼樹從威斯特郡遷移到新澤西州湖木市（Lakewood Township）的記錄，驚奇地發現了植物的升值空間。我們種下上千棵

幼樹，大部分是常綠樹——我認為我們甚至可以種下上萬棵，讓它們自由生長，用於日後的種植計畫。如果我們將幼樹從波肯提克山莊遷移到湖木市的家裡，我們自己做自己的客戶，按市場價計算，波肯提克山莊買入時的價格是每株5或10美分，但木湖市買入的價格可達到1.5或2美元。

種植業和其他行業一樣，大規模的投資容易彰顯優勢。種植、遷移大樹的快樂和滿足感一直是我的樂趣——我所指的大樹是直徑在10到20英寸之間，或者是更大的。我們建造自己的挖樹機，培養自己的工人，樹木將完全受你的支配，只要你學會怎麼與這些精靈相處。我們遷移過90英尺高的樹，其他大部分是70或80英尺的。當然這些都不是幼樹了。我們曾經嘗試過各個種類的樹，包括一些專家指出不能成功遷移的。最大膽的試驗要數馬栗了。我們遠距離運輸大樹，有時甚至在它們開花之後，每棵樹的運輸成本是20美元，大部分都能盈利。

我們做得很成功並且越來越大膽，甚至嘗試了不合季節的植物，結果非常令人滿意。

我們嘗試了數百種應季及不應季的植物，總的損失在10％以內，接近6％或

7%。每一個季節樹木遷移的失敗率大概是3%。有時一些大樹的生長可能會延遲兩年，但這是小問題，因為青春已逝的人們希望立刻達到他們想要的效果，而現代的挖樹機可以幫他們達成夢想。我們曾將大叢的雲杉分類、排列，以達到我們想要的效果，有時候覆蓋了一整片山坡。我們從未成功遷移過橡樹，除非是在它們比較小的時候，而且我們從不在橡樹和山胡桃樹接近成熟的時候對它們進行遷移；但我們曾經成功遷移了椴木，甚至連續三次遷移都未損傷樹木。樺樹有點麻煩，但除西洋杉之外的常綠樹幾乎都能成功移植。

我對園林規劃的熱情由來已久。當我還是個小孩的時候，我曾經想砍掉餐廳窗外的一棵大樹，覺得它擋住了窗外的景色。我想砍掉它，家裡有些人反對，但是親愛的媽媽是支持我的，因為有一天她說：「我的兒子，我們八點吃早餐，如果在這之前樹就已經倒了，大家看到了曾經被遮住的美景，就不會抱怨了。」

於是，我將媽媽的這番話付諸行動了。

〔番外篇〕

己之不欲，勿施於人

以洛克菲勒平凡的出身，説要成功也許還有可能，但要成為全球首富，那簡直是不可能的，除非有「奇蹟」，不！應該説除非有「神蹟」！

約翰・戴維森・洛克菲勒（John Davison Rockefeller，一八三九年7月8日～一九三七年5月23日），美國實業家、慈善家，因革新了石油工業和塑造了慈善事業現代化結構而聞名。一八七〇年創立標準石油，在全盛期壟斷了全美90%的石油市場，成為歷史上的第一位億萬富豪與全美首富。一九一四年巔峰時，其財富總值達到美國GDP的2.4%達到九億美元，而當年美國GDP總共才有三百六十五億美元），折合今日之四千億美元以上，普遍被視為西方世界有史以來第一個億萬富翁。

雖然在商場上，他是獨霸一方的梟雄，但他盜亦有道，在他的標準石油王國城堡內，他從不排斥與人合作，即使對方可能是競爭敵手，他也有其容忍之道——創造雙贏。他曾在給大兒子小約翰的信中，提及「合作」，也提到合夥人兼一生的摯友亨利・弗拉格勒。他說：

合作可以壓制對手或讓對手出局，達到讓自己向目標闊步邁進的目的，換句話說，合作並不見得只是追求勝利。遺憾的是，只有為數不多的人才瞭解其中的奧妙。

但是，合作並不等同於友誼、愛情和婚姻，合作的目的不是去撈取情感，而是要撈到利益和好處。我們應該知道，成功有賴於他人的支持與合作，我們理想與我們自己之間有一道鴻溝，要想跨越這道鴻溝。必須依靠別人的支持與合作。

當然，我永遠不會拒絕與生意夥伴建立友誼，我相信建立在生意上的友誼遠勝過建立在友誼上的生意。例如，我與亨利・弗拉格勒先生的合作。亨利是我永遠的知己，最好的助手；我與他結盟，他讓我得到的不只是投資，更多的是智慧和心靈上的支持。亨利同我一樣，從不自滿且雄心勃勃，成為石油行業的主人是他的夢想。直到現在，我還記得我們開始合作時的情景，那時候除去吃飯和睡覺，我們幾乎形影不離，我們現上班、下班，一同思考，一同制定計劃，相互激勵、彼此堅定決心。那段時間，就如同歡度蜜月一樣，永遠是讓我感到愉快的記憶。

如今，幾十年過去了，我們依然親如兄弟，這份情感給多少錢我都不賣。這也是我一直讓你叫他亨利叔叔、而不要叫他亨利先生的原因。

我從不嘗試去買賣友誼，因為友誼不是能用金錢買來的。友誼的背後需要真情的支持。我與亨利之所以有不悔的合作和永遠的友誼，不僅僅在於我們是追逐利益的共謀者，更重要的是，我們都是嚴於律己的人，我們都知道要想讓別人怎麼待你、你就怎麼待別人而且從現在做起的價值。

「己所不欲，勿施於人」，既是我的行為準則，又是我對合作所保有的明智態度。所以，我從不以財勢欺凌處於弱勢的對手，我情願與他們促膝談心，也不願意擺出盛氣凌人的姿態……（林郁）

・第 2 章・

獲取財富是一門藝術

1 家庭的教育

父親教會我許多實用的技能。他曾就職於不同的行業；以前他時常跟我講他工作上的事情，教我做生意的原則和方法。還很小的時候我就有了個小本子，我記得我叫它「記賬本A」——這個小本子至今還保留著——裡面記錄著我的收入和支出，以及定期捐出的小數目的款項。

一般來說，中等收入的家庭裡，家人的關係更加密切，家庭成員需要共同處理的家庭事務更多，不像富有的人家，什麼事情都可以由傭人代勞。我很幸運地出生在前一種家庭。七八歲時，我在媽媽的幫助下做起了人生的第一筆生意。

我養了一群火雞，媽媽給我一些牛奶的凝乳（起司的一種）作為飼料。我自己照顧它們，養大之後將它們賣掉。我的記賬本中只有收入，因為沒有什麼需要支出的，不過每一條記錄我都一絲不苟地記下，寫得清清楚楚。

我很享受這種小經營。直至今天，閉上眼睛，我仍可以清晰地看到一群火雞優雅地沿著小溪踱步，或是安靜地穿過叢林，小心翼翼地挪向它們的窩。

直至今天，我仍很喜歡火雞，並且一有機會便花時間研究它們。

母親對我們管教嚴厲，我們一有變壞的苗頭她便用樺樹條伺候。

有一次，我由於在學校裡搗蛋回家受到了懲罰。一頓鞭打之後，我突然想起其實我是無辜的。

「沒關係，」媽媽說，「這次打都打了，可以用來抵消下一次，下次你犯了錯就不用打了。」

很多時候，媽媽還是比較公正的。

我記得有一天晚上，我們幾個男孩子忍不住誘惑，跑出去溜冰，而之前大人已經明令禁止我們晚上溜冰。我們還沒開始溜，就聽到了求救的呼聲，接著發現有一個鄰居掉到冰下溺水了。我們把一根長杆伸到冰下，成功地搭救了他。他的家人對此感激不盡。雖然並不是每一次偷偷出去溜冰都會救人一命，但我和我的兄弟威廉一致認為，我們違抗指令是情有可原的，即使是誤打誤撞做的好事，我們也是功不可沒。後來證明我們的想法是錯誤的。

2 第一份工作

十六歲時，我正在上高中，在即將完成中學的課程，家裡人原來計畫送我去讀大學，但後來還是決定先讓我去克利夫蘭的商業學校上幾個月，那裡教授簿記和一些商業貿易的基本原則。這些訓練雖然只進行了幾個月，但對我而言非常珍貴。但是怎麼找到工作——這是個問題。

我走遍大街小巷，問商人和店主需不需要雇人，但都遭到了拒絕。沒有人願意請一個小孩，有些人甚至沒有什麼耐心跟我說話。最後克利夫蘭碼頭有一個人跟我說吃完午飯去他那裡。我欣喜若狂，心想終於可以開始工作了。

我很緊張，生怕失去自己好不容易爭取到的機會。終於，時間差不多了，於是我來到我未來雇主的公司。

「我們將為你提供這個機會。」他說，但絲毫沒有提到薪酬的問題。這一天是一八五五年9月26日。我興致勃勃地上班去了。公司名稱叫休伊特・塔特爾。

在工作上我有一些優勢。正如我前面所提到的，父親的訓練非常實用，商業學校的課程也教會了我商業貿易的基本原理，為我打下了一定的基礎。同時，我很幸運地跟隨一位優秀的前輩學習，他勤勤懇懇，兢兢業業，並且對我十分熱情。

轉眼到了一八五六年。塔特爾先生給我50美元作為三個月的工錢。當然這是我應得的，我感到很滿意。

第二年，我的月薪是25美元，還是做原來的職位，學習公司的業務細節和一些文書工作。我們公司的主要業務是代理農產品批發和運輸，我所在的部門是做賬的。我的上司是公司的總簿記員，加上分紅，他的年薪是二千美元。第一年年底，他離開公司的時候，我接任了他的文書和簿記工作，我的年薪是五百美元。

回首這段學徒生涯，我感觸良多，這段生活對我後來的發展，卻產生了相當深遠的影響。

首先，我的工作地點就在公司裡。他們討論問題、制定計劃、做出決策的時候，我幾乎都在現場。於是我比同齡的男孩子多了一些優勢，而實際上，他們可能比我反應更快，計算和書寫也強於我。公司業務眾多，所以我所受的教育也很多樣化。公司旗下有住宅區、倉庫、辦公樓等供出租，而我則負責收租金。我們通過鐵路和水路運輸貨物，經常需要進行各種各樣的談判和交易，而這些都是我必須密切跟進的。

和今天很多職員的工作相比，我的工作要有趣得多。工作對我來說完全是一種享受。漸漸地，我掌管了所有帳目的審計。所有帳目都必須先由我過目，而我也一絲不苟地履行著自己的職責。

我記得有一天，我在鄰居的公司裡，正好遇到當地的一位鉛管工來收賬。這位鄰居事務非常繁忙，我總感覺他所擁有的公司不計其數。他瞥了一眼帳單，就對簿記員說：「請付錢給這位先生。」

我的鉛管工也是同一位，我自己每次都是認真地檢查他的帳單，仔細核對每一項收費，即使是一分一厘也要替公司節省下來。我做事情從來都不會像我的鄰居這麼隨便。我的想法跟今天許多年輕人一樣，那就是，這些帳單將使老闆錢包裡的錢流進別人的口袋，我必須認真核對，必須比花自己的錢更小心謹慎。而像我鄰居那樣做生意，我確定是不會成功的。

整理帳單、收租金、計算索賠金額等工作讓我接觸到各種各樣的人。我必須學會怎麼和不同的人打交道，並協調好他們與公司的關係。談判的技巧非常重要，我竭盡所能地爭取圓滿的結果。

例如，我們經常接收從佛蒙特州運到克利夫蘭的大理石，這些大理石一般經鐵路、運河、湖泊三程運輸。運輸過程中出現的貨損貨差須由三個承運人共同承擔，而三方承擔的責任大小是事先約定好的。

對於一個十七歲的男孩子來說，如何處理好這個問題，讓所有相關方，包括我的老闆滿意，確實需要費一番腦力。但我一點都不覺得這個任務有難度，我記得我從未和承運人有過任何糾紛。在易受外界影響的年齡，處理所有這些事務，遇到緊急情況時可以向前輩請教——這些經歷對我來說彌足珍貴。這是我學習談判藝術的第一步，後面我將更深入地談談這一點。

盡心盡責地工作，並從中得到鍛煉，我感到受益匪淺。

我那時的薪水還不及今天同等職位的薪水的一半。第二年公司付給我七百美元，但實際上我是應該得到八百美元的。四月份的時候公司還沒有給我一個滿意的說法，而當時正好有一個比較好的機會，可以自己做生意，我便辭職了。

在當時的克利夫蘭，幾乎每個人都是互相認識的。有一個叫克拉克（M. B. Clark）的商人，比我大十來歲的樣子，當時想開家公司，正在尋找合夥人。他有二千美元的資金，要求他的合夥人也出同樣的錢。這對我來說是個很好的機會。我已經存了七八百塊錢，但怎麼解決剩下的錢還是個問題。

我和父親商量了這件事，他告訴我他本來打算等每個小孩21歲的時候都給一千美元。他說如果我想現在拿的話，他可以預支給我。不過，在滿21歲之前，我必須付這筆錢的利息。

「但是，約翰，」他補充道，「利息要收10％。」

當時，民間的年利率10％是很平常的。但銀行的利率可能不會這麼高，但金融機構當然不可能滿足一切需求，所以民間也有很多放高利貸的。因為急需這筆錢入股，我欣然接受了父親的提議，成為公司最初的股東，我們新成立的公司名叫克拉克・洛克菲勒。

自己當老闆很過癮。我得到了極大的滿足感——我是一家擁有四千美元資金的公司的大股東！克拉克先生負責採購和銷售，我負責財務和賬款。我們的生意很快紅火起來，自然也就需要越來越多的資金來拓展業務。資金從何而來？唯一的辦法便是嘗試從銀行貸款，但銀行會借給我們嗎？

3 第一筆貸款

我去找一位相識的銀行行長。我清楚地記得自己有多少渴望得到那筆貸款，並且極力地給這位銀行家留下好印象。這位銀行家叫漢迪（T. P. Handy），是一位友好、溫和的老先生，性格出了名的好。五十年來他幫助了許多年輕人。我在克利夫蘭上學的時候，他就認識我了。我向他介紹了公司所有的資訊，坦誠地向他講述了我們的業務內容——我們將把錢用在何處等等。之後，我誠惶誠恐而又滿懷期待地等候他的裁決。

「你需要多少錢？」他問。

「二千美元。」

「好的，洛克菲勒先生，我們借給你，」他回答道，「只需要給我你們倉庫提貨單的收據就可以了。」

離開銀行的時候，我簡直喜不勝收。我高昂著頭——想一下，銀行借了二千美元給我！我覺得自己現在是個舉足輕重的人物了。

從此，漢迪行長成了我多年的老朋友；他在我需要資金的時候貸款給我，而我幾乎每時每刻都需要資金，並且是需要他所有的資金。後來，懷著感激之情，我推薦他買一些標準石油的股票。他表示他也想買，但當時沒有足夠的錢，於是我提出借錢給他。後來他拿回了本金，並得到了相當可觀的收益。經過這麼多年，他仍然對我如此信任，我實在備感榮幸。

4 恪守商業原則

漢迪先生之所以信任我，是因為他相信我們會謹慎而恰當地管理我們新成立的公司。我清楚地記得當時發生的一件事情，這件事情正好說明了有時候，堅守自己認為正確的商業原則是多麼的難。公司剛成立不久時，我們最重要的客戶——也就是貨運量最多的客戶——要求我們在拿到提貨單之前提前發貨給他。我們當然希望可以滿足這個重要客戶的要求，但是，作為公司的財務人員，我拒絕了，雖然我很擔心我們將失去這個客戶。

情況似乎很嚴重。我的合夥人很不耐煩，不明白為什麼我不願意妥協。在這種尷尬的狀況下，我決定親自去拜訪客戶，看看能不能說服他。通常，與別人面對面接觸時，我總能幸運地贏得他們的友誼，而合夥人的不滿也激勵著我背水一戰。

我覺得，和這位先生見面之後，我可以讓他相信他的提議將帶來嚴重的後果。我的說理（我自己在腦海中演練了一遍）具有很強的邏輯性，足以令人信服。我去見了他，擺出了所有精心設計的論點論據。然而他大發雷霆，最後我還是慚愧地向我的合夥人坦白我失敗了。我完全沒有達到我的目的。

自然地，我的合夥人很擔心失去我們最重要的客戶，但是我堅持我們必須堅守自己的原則，不能答應貨主的要求。令我們驚訝和感動的是，這位客戶繼續和我們保持合作，似乎什麼事都沒發生過，也再沒提起過提前收貨的事情。

後來我得知這位客戶在諾瓦克有一位關係緊密的銀行家朋友，叫約翰・加德納（John Gardener），一直在密切關注著這件事情。直到今天，我仍認為是加德納建議我們的客戶用這種方法考驗我們，看看我們是否會違反自己的原則。

而他的關於我們公司堅守商業原則的故事，也為我們帶來許多商機。

差不多在這個時候，我開始自己出去尋找商機——這一部分的工作我之前從未嘗試過。我幾乎拜訪了附近所有與我們所從事的業務有一點聯繫的人，也走遍了俄

亥俄州和印第安那州。

我認為最好的方法是先簡單介紹我們的公司，而不是急於推銷我們的服務。我告訴他們我們是經營農產品貿易的克拉克・洛克菲勒公司，我沒有任何擾亂他們目前經營方式的意思，但如果有機會的話，我們願意竭誠為他們提供服務等等。

振奮人心的是，我們很快便接到了很多生意，幾乎有點應付不過來了。公司成立的第一年，我們的銷售額達到了50萬美元。

然後，或者更確切地說是在之後的很多年裡，我們不斷地需要資金來維持和拓展業務。成功接踵而來，每天晚上睡覺之前，我都要對自己說：

「現在只是小小的成功，很快你就會摔跟頭，很快你就會跌倒。只是開了個好頭，你就以為自己是多麼了不起的商人了嗎？小心點，不要昏了頭——一步步來。」我相信，這些與自己的對話對我的生活產生了深刻的影響。我擔心自己不能守住成功，於是不斷地提醒自己不要得意忘形。

我向父親借了很多錢。我們在金錢上的關係對我來說是種無形的壓力，也並不像現在回過頭看時這樣輕鬆。他時不時會跟我說如果生意上需要錢他可以借一些給我。資金對我來說一直很緊缺，所以我很感激父親這樣做，即便是要付10％的利息。然而有時他會在我資金最緊缺的時候，卻會跟我說：「兒子，我現在急需用到那些錢。」

我會說：「當然，應該的，我馬上還給你。」但我知道他並不是真的需要用錢，我還給他之後，他只是把錢原封不動地存起來，然後過段時間再借給我。

後來，我承認這點小小的約束對我可能有幫助，但我並不是非常喜歡他通過這種方式考驗我的經濟能力，看我能否承受住突如其來的打擊，當然，這一點我從未對他提說過。

5 10%的高利貸

向父親貸款的事情讓我想起了早年，人們經常討論貸款利率應為多少的問題。很多人抗議說10%簡直是暴利，只有喪盡天良的人才會收如此高的利率。但我認為這麼高利率的貸款是物有所值的——如果貸款不能帶來更大收益的話，沒有人會多花10%，5%或者3%的錢貸款。當時我一直是借錢的一方，但我從來不會質疑利率過高。

我曾和別人進行過無數熱烈而持久的討論，其中和一位房東太太的討論讓我印象深刻。她是我和弟弟威廉上學時寄宿的房東。我很喜歡和她談話，她是個能幹的女人，也是個優秀的演說家。

她每週收我們的食宿費才一塊錢，但把我們照顧得很好，所以我更喜歡她了。當時，在一些小鎮裡，食宿費基本上都是這個價格，所有食品幾乎都是寄宿家庭自家種的。

這位可敬的女士強烈反對放高利貸的行為。我們經常討論這個問題。她知道我經常向父親借款，並且利率是10％。但就算我們討論得再多，利率也不會因此而下降，利率只有在現金十分富足的情況下才會下降。

我發現，在商業問題上，公眾的意見很少會受既定的經濟理論影響——匆忙制定的條規條例並不能夠提高公眾的認知。

現在的人們很難想像當時為企業籌集資金是一件多麼困難的事情。在西部一些偏遠的地區，甚至有人放更高的利率，而這些貸款通常都由個人承擔風險。今天的商業環境與過去相比已是大不相同。

6 效率超高的借款人

提起向銀行貸款的事情，我想起一次最艱苦的貸款的經歷。我們要買下一家大型企業，需要幾十萬美元的現金——不能用有價證券代替。我大約在中午接到消息，而三點前必須完成任務（因為要搭三點的火車前往交易地點）。

我開車去了一家又一家銀行，見了我所能找到的第一個人——行長或者是出納員，請求他們盡最大的可能出手相助。我讓他們先準備好現金，我稍後來取。我去了市裡所有的銀行，又再兜了一圈到各家銀行取現金。就這樣，我終於在三點前籌集到足夠的資金，完成了這次的交易。

在那些日子裡，我是個停不下來的旅行者，每天忙於視察工廠，開發新客戶，拜訪老朋友，制定計劃拓展我們的業務——而這些經常都要求高效率地工作。

7 募集教會資金

十七八歲的時候，我被選舉為教堂的理事。

我所在的是教會是一個分會，我經常聽到總會那邊的教友評論我們的教會，似乎我們辦得沒有總會教堂那邊好。這讓我下定決心為自己爭一口氣，向他們證明我們也有能力可以自力更生。

我們的教堂不大，並且抵押借款二千美元，這對教堂來說是件不光彩的事情。債權人很早之前就要求還款，但卻幾乎連利息也收不回。終於他威脅說要把教堂賣掉。這位債主是教會裡一位執事，但儘管如此，他仍然決意要回他的錢，或許他真的急需。總而言之，他提出要賣掉教堂，要回他的錢。

這件事情的結局是，一個周日上午，牧師在講壇上宣佈，這些錢我們將向教友們籌集，否則我們將失去教堂。於是，我開始站在教堂門口，向前來做禮拜的教友募資。

有人過來時我便攔住他，說服他捐款幫助教堂渡過難關。我言辭懇切，百般勸說。每個人答應捐款後，我便把他的名字和捐贈的金額記在我的小本子上，然後繼續向下一個人募捐。

這次募資從牧師宣佈的那個早上開始，一直持續了幾個月。捐款有幾分錢的，也有慷慨的，每個星期捐25分或50分的，通過這些小小的款項募集到二千美元，是個非常了不起的工程。

這個計畫深深地吸引了我。我全力以赴地募集資金。這件事情以及其他類似的活動燃起了我最初的賺錢的欲望。

最後，終於募集到了二千美元。當還清貸款的那天，我們都覺得揚眉吐氣。我希望讓總會那邊的人對我們刮目相看，自慚形穢，但現在回想起來，我並不記得當時他們是不是有很吃驚！

在那個時候，募集資金，完成自己的任務對我來說是件有趣的事情，是一種驕傲，而不是羞恥。這件事情我一直做了下去，直到肩上的擔子和身上的責任越來越重，無暇顧及瑣事的時候，才開始讓別人代勞。

〔番外篇〕

性格才是命運的主人

一八三九年，洛克菲勒出生於美國里奇福德鎮，姐弟六個，他是家中的長子。父親生性放蕩，歪七扭八、無所不做：扮江湖郎中出售假藥、當掮客販賣馬匹、買賣毛皮等，後來還因犯了重婚罪常常要跑路，必須東躲西藏的，搞得家裡不得安寧。由於父親常年不在家，家中所有的重擔於是都落在了母親一個人身上。

洛克菲勒和弟妹們在童年時，幾乎沒有穿過新衣服，衣服破了，補了又補，一件外套，姐弟幾個幾乎都是輪流穿來穿去。更難過的是，他們住在一間沒有泥牆的木板房子裡，夏天還好，到了冬天，寒風、雪花從木板縫隙裡擠進來，一家人凍得瑟瑟發抖，只能相互擁抱著取暖。

年少的洛克菲勒每天早上給別人家擠完牛奶，再光著腳丫走幾公里的路去上學。這就是洛克菲勒的童年生活，即使生活在這樣貧窮的環境中，洛克菲勒也從未抱怨過，只能默默幫母親盡一己之力。

在沒有一個對家庭肯付出、負責任的父親的日子裡，洛克菲勒變得越來越堅強。作為家中長子，他擔負著沉重的責任。他要精打細算地生活，要仔細地花每一分錢，這也無意中使他養成了節儉和賺錢的意識——而這也是他一輩子奉行的信仰——節儉與賺錢。

洛克菲勒堅忍不拔，吃苦耐勞的精神，不得不說是和他的家庭背景有重大關係的。前面提過，洛克菲勒出生在一個貧窮的家庭，他是六個孩子排行老二的家中長子。不幸的是，洛克菲勒有一個極其不負責任的父親。作為長子的洛克菲勒，自小便和母親一起承擔起了養家糊口的重擔。

對洛克菲勒性格影響最大的人莫過於他的母親了。洛克菲勒的母親是一位極度虔誠的基督教徒，她嚴格規範自己的一言一行，使它們能符合《聖經》的要求。她還將這種精神傳遞給孩子們，而洛克菲勒也潛移默化地受到了這種思想的影響。

洛克菲勒的母親時常將生活中的知識分享給洛克菲勒，比如勤勞並且節儉對於白手起家的人來說是致富的基本常識；像蜜蜂一樣勤勞地勞動，不能妄想天上掉餡餅，有了一定積蓄之後也不能胡亂花費，洛克菲勒將母親的忠告銘記在心，並巧妙地運用到以後的工作生活中。最明顯的一個證明就是記賬，沒有經過誰的提醒，洛克菲勒從少年開始就有記賬的習慣，上面記錄的僅是生活瑣碎小事的花費，後來連和妻子約會時的花費也在其中。

由此可見，洛克菲勒母親的生活常識很是有效，勤勞使洛克菲勒在工作中總是能收獲更多的讚譽和物質獎勵，而節儉的生活方式使洛克菲勒有了改變人生的第一桶金。

前面提過，父親「大比爾」幾乎很少照顧家庭，而且自命不凡、生性風流，到處拈花惹草，但奇怪的是洛克菲勒對這個不負責任的父親，似乎很少有所抱怨，那是因為父親大比爾經常外出做生意，其實他也是生意奇才，他販賣木材、馬匹、還有「專治百病、馬上見效」的假藥，為人機警、狡猾、充滿自信，十分任性，對洛克菲勒等家人的生活，並沒有多大的照顧。

不過，這個與洛克菲勒母親性格截然不同的男人，由於他長年在外打混，所以深諳現實社會的黑暗和冷酷，他總是用一些特殊的方法來「教育」孩子們。比如，告知洛克菲勒說些世人如何人心險惡、為利忘義之道，同時他也指導他如何寫商業書信，怎麼清晰記賬，怎樣處理收付款。

這些比較實用的知識和母親傳統的說教不同，它們對洛克菲勒後來的經商生涯有著至關重要的作用。細心的洛克菲勒也積極將這些知識運用到後來的工作中，尤其是他的第一份工作——簿記員。聰明好學的洛克菲勒也借助工作的機會，完美發揮以往積累的知識，並不斷加深經營技能，在賬務問題上總是做到細緻入微、清清楚楚、一目瞭然。

雖然沒有機會接受更高的教育，不過平時愛好閱讀的洛克菲勒總是通過讀書來收獲科學系統的專業知識。他讀書不是死讀書，而是結合現實的經濟狀況做出合宜的決定。

比如，在面對市場無序競爭時，原油產量激增導致石油價格暴跌，場面一度難以控制。這讓洛克菲勒對亞當・斯密斯《國富論》中提出的「看不見的手」理論產生了一些質疑：究竟那隻看不見的手在哪裡，什麼時候能調整這種混亂的市場？

後來，洛克菲勒認識到在短期內依靠那隻「看不見的手」是行不通的，石油行業的洗牌活動遲早會進行，規模生產也會成為非常重要的組織形式。

想到這裡，洛克菲勒便大刀闊斧地開始了市場整頓，他和眾多小煉油商談判，通過購買他們手中的公司，來達到整體控制的目的。雖然這項計劃因為受到一些無信用廠商的破壞，效果不及預期，但事實證明，市場發展正如洛克菲勒預測的那樣。而這種思想，正是洛克菲勒將具備的知識巧妙運用到實踐中的具體體現！他不是讀死書的學生，他是將書的理論活化的醫生。（林郁）

·第 3 章·

世界上最簡單的經營哲學

1 標準石油

一個機構龐大的企業中，如果沒有一兩個特立獨行的人，那是很不正常的。這些人在工作或者生活中，總有一些頗受非議的地方。即使在相對小的企業裡，也難免有這樣的人，僅從這些人便斷定所有企業成員的性格或者是整個企業的文化，很明顯是不公平的。

有人傳言我的合夥人都是受我的強迫才加入標準石油公司的。我還不至於如此目光短淺。如果我確實採用了這種策略，這些人還會成為我終生的朋友嗎？他們還會甘願長年留守在公司的重要職位嗎？如果他們如此軟弱可欺，我們怎麼可能形成這樣一個強大而和諧的團隊？怎樣營造出平等、高效、團結的氛圍？我們這個團隊

不僅生存了下來，而且越來越強大。十四年來，我幾乎完全不參與公司的經營了。近十年來，我只去過一次公司的辦公室。

一九〇七年夏天，我再次來到了標準石油公司最頂層的房間，這是多年來公司的管理層共進午餐的地方。令我驚奇的是，很多我上次來時還是小職員的人如今已成長為公司的中堅力量。午餐後我與許多新老同事進行了交談，我欣喜地發現那種合作與融洽的氛圍依舊沒有改變。這種一百多人親密無間地坐在長桌子旁共進午餐的做法是我一直提倡的，雖然乍一想似乎是很微不足道的事情。如果這些人是被迫聯繫在一起的，他們還會日復一日地與對方相處嗎？這種處境的人是不會保持如此長期友好的關係的。

標準石油公司一步步發展壯大，以越來越低廉的價格為人們提供石油產品。它的服務最先覆蓋中心城市，隨後延伸至城鎮和更小的地方，遍及每家每戶，為用戶帶來便利。標準石油的服務遍及全球。例如，公司擁有三千輛油罐車，將美國石油源源不斷地輸送至歐洲的鄉鎮村莊。

甚至在日本、中國、印度，以及其他一些主要國家，也有類似的服務網路。這一切靠的都是我們的辛勤勞動。

直接向消費者銷售產品的策略以及公司的迅速發展引發了一些對立情緒，這一點我認為是不可避免的。但據我所知，直銷產品的做法後來被其他許多行業效仿，卻並沒有帶來強烈的反對的聲音。

這種現象很有趣，我經常想，之所以所有矛頭都對準了我們，只是因為我們是第一個吃螃蟹的人，只是因為我們最先開始大規模採用產品直銷的模式。但我們始終本著公平的原則，充分考慮每個人的權益。我們並不是無情地搶佔競爭對手的市場，通過擾亂市場價格或利用間諜系統將對手逼進絕境。我們只是為自己設定了目標，以求最快速最廣泛地擴大石油的消費量。讓我來描述一下具體情況吧。

為了在石油行業中贏得優勢，我們盡了最大的努力開拓市場——我們需要擴大消費量。於是我們必須開發出新的銷售管道；我們必須賣出比以前多一倍、兩倍或三倍的石油，而靠傳統的銷售管道是無法達到這個目標的。我們從未故意侵入其他石油商人的領地，但如果發現新的商機，我們會不遺餘力去爭取。於是我們開發了很多其他人也在經營的業務。隨著公司的發展，我們不斷需要新人加盟，特別是一

些管理職能的職位。當然，聘用高層管理人員最好的方法就是從公司內部的年輕員工中選拔，但我們的發展太快，有時來不及這樣做，只能從外部招聘。這些新招聘的員工中，有些人為了增加銷售額，不惜採用一些極端的方式，這並不足為奇，但他們的行為已經有悖於公司的理念與價值觀。雖然這些案例在公司眾多的業務往來中只是在大海中的一粒粟米，十分少見、並且微不足道！但它們也正好證明了我在本章開頭提到的規律。

許多年來，標準石油每個星期便為這個國家創造一百多萬美元的財富，全部都是通過美國人民的勞動生產出來的產品。我為這一記錄感到驕傲，同時，我相信大部分美國人也會和我一樣為此感到驕傲，當他們更加瞭解一些事情的真相的時候。

這些成就、這一外貿行業的發展、運營船舶以便通過最經濟的方式批量運輸石油、派遣員工開發世界市場，所有這些都需要大量的資金。除了今天的標準石油，沒有任何其他公司可以籌集或掌控如此龐大的資金。

當時，石油行業被認為是一個危險的行業，有點類似今天受眾人熱議的煤礦業。我有一位傑出的老朋友——湯瑪斯・阿米塔格（Thomas W. Armitage）牧師，四十年來一直在紐約的一個大教堂擔任牧師。他曾告誡我，擴建工廠是一個愚蠢至極的決定。他認為我們的公司前途渺茫，石油供應非常有可能面臨衰竭，需求將下降。他，以及其他許多人，有時候我甚至覺得是所有人，都認為我們將一敗塗地。

我們從未想像過會獲得今天的成功。我們勤勤懇懇地工作，設定目標，把握機遇，但每一步都走得堅實而沉穩。正如我前面所提到的，資金是最難解決的問題，而這一冒險行業很難吸引保守的投資者。有財力的人不敢觸及，雖然他們有時候會為我們提供一定限度的支持。他們會時不時嘗試買一些我們的股票，但我們也深知，新股上市時，他們總會用各種漂亮的託辭拒絕購買。

作為一個新興而創新的企業，公司的成功時常受到一些股權人的懷疑，於是我們不得不經常清算存貨以維持營運，但我們對公司的根本價值充滿信心，所以願意承擔風險。總有這樣一些人，為了心中的信念孤注一擲。如果失敗了，他們將被列為不切實際的空想家，而有時確實也是這樣。

公司六萬名員工年復一年地辛勤工作。去年經濟不景氣，但標準石油仍然能夠繼續實施之前的計畫，新工廠和樓房也沒有因為資金短缺或經濟困難而延誤工期。

它支付令員工滿意的薪酬，在他們生病時送上關懷，在他們孱老時提供津貼。標準石油從未發生過大規模的罷工。

一個企業，無論興衰，都最先保障員工的福利，我不知道還有什麼比這更好的企業管理方法了。

另外值得一提的是，我們這隻所謂的「章魚」（當時，許多專門揭人隱私的記者將托拉斯企業標準石油公司稱為「章魚」）在資金管理上沒有任何「水分」（可能是因為我們覺得水和油不相溶）；在這些年裡，也沒有任何人被標準石油欠過債。我們經歷過大規模的裁員和虧損，但從未在公眾的債券和股票上做手腳；我們從未使用過銀團包銷或者任何形式的股票拋售的策略，並且，在國家需要的時候，我們都會響應號召資助新開發的油田。

人們經常說標準石油擠垮了其他競爭者。這是很無知的見解。企業總是面臨著成百上千的競爭者，過去、現在、將來都是如此。企業想要得以生存發展，只能依靠妥善的管理、良好的經營，以及旺盛的活力。稍微談一下競爭吧：先不提煉油工業上的競爭，就連石油副產品製造和貿易上的競爭也是非常激烈的。而最激烈的競爭或許是在外國市場上了。標準石油一直在與俄國的石油產品抗衡，搶佔歐洲、緬甸和印度的市場。在這些國家裡，我們面臨著重重困難：高關稅、本地市場的偏見、奇怪的風俗習慣，等等。在很多國家——比如中國——我們必須手把手教會當地的人民用油點燈；在世界上最偏遠的地方，我們用駱駝運輸石油，或者通過人工搬運；我們不斷地改進自己的產品，以適應各種各樣的需求。每次我們在外國的土地上成功地打下市場，便意味著財富輸入我們的國家；而每次我們失敗了，則意味著我們的國家和我們的勞動人民遭受損失。

位於華盛頓的美國國務院為我們提供了莫大的支援。我們的大使、公使和領事在標準石油推進海外市場的道路上頻頻向我們伸出援手。

標準石油發展迅速，實現了許多偉大的計畫。於是，在退休十四年後的今天，我可以如此坦誠而激動地談論這一切。

標準石油的發展從來都不是一帆風順，她的成功也不是屬於個人的，而是屬於一個齊心協力共謀發展的優秀團隊。如果公司的管理層降低標準，放鬆對產品品質的要求，也不懂得善待客戶，公司怎麼可能生存下去？即便是偶然獲得成功也將只

是曇花一現。一些有關標準石油的報導會讓人誤以為在這樣一個占絕對壟斷地位的企業裡，管理人員什麼都不用幹，只需要聚在一起分紅就可以了。

其實不然。借此機會我想向這些辛勤工作的同僚致敬，他們不僅為公司服務，而且為國家的外貿事業做出了非凡的貢獻，因為標準石油超過一半的產品是銷往國外的。如果公司經營不力、管理不善的話，我會拋出自己的股份，絲毫不覺得可惜。企業的成功依靠的是最優秀、最忠誠的管理人才，優勝劣汰，強者自會到達最高層的位置。接下來，我將會談到標準石油的起源和一些早期的計畫。

2 現代企業

不可否認的，企業集團至今仍受到公眾的質疑。有時，這種質疑可以理解，因為公司有道德與不道德之分，就像人一樣；但僅是因為不道德的公司的存在，並譴責一切企業集團，將其全盤否定，是十分不明智的。但企業集團的形式和性質還是保留了下來——這說明它並不是一無是處的。即使是一些小公司也在發展為企業集團，因為這是一種便利的合作形式。

資金的聯合是一種必然的趨勢，這並不會構成任何危險，只要企業集團合理運作，維護其他人應有的利益。依靠個人的力量單槍匹馬求得生存的時代已經一去不復返了——這就如同拋棄先進的機器設備，回到手工勞作的時代，你會認為是一種

進步嗎——在分清現狀並小試牛刀之後，清醒、明智的人會接受這一現實。只需要看一看大集團的股東數量增長的速度就可以了。這意味著這些人正在成為企業集團的合夥人。這是一個好現象——企業集團的管理者會因此而產生更強烈的責任感，而人們在投資之前也會先公正地瞭解事實，而不是一味地譴責或攻擊。

我時常在工業生產聯合化的問題上表達自己的看法；我從未改變也不憚于重申我的立場，特別是現在——在這個問題重新引發公眾熱議的時候。

工業生產聯合化的主要優勢在於人員的合作和資金的累加。一個人做不了的事情兩個人可以合力完成。合作，或者說產業聯合是一種必然的趨勢。小企業可能需要兩個合夥人便足夠了，但企業發展得越大，便需要越多的加盟者和資金，於是企業集團應運而生。在大部分國家裡，比如英國，工業生產聯合化已經發展為一種普遍的形式，但在美國卻不是如此。聯邦政府的制度隔離了每個州的企業，商人們只能分開處理不同州的業務，一家企業不能在各個州開設分支，而只能在各個州分別開設新的公司。今天的美國人已經不再滿足於留守國內市場，在進軍海外市場時，企業聯合的形式將形成巨大的優勢，特別是在一些排斥外國產品的國家裡，例如歐洲。於是同一行業的企業便聯合成股份制公司。

現在才討論工業生產聯合化的優勢為時已晚。它是一種必然。如果美國的商人想在整個聯邦通行無阻，並且進軍國際市場，就必須大規模地採用這種形式。

企業集團的危險在於產業聯合所形成的力量可能會被濫用，企業集團成立的目的有可能只是投機股票，而不是業務經營，為了達到這一目的，市場的價格將被提高，而不是降低。這些危險在所有企業集團中都或多或少地存在著，但如果由於這個原因而否定企業聯合的形式，那就像因為蒸汽機可能會爆炸而拒絕使用一樣愚蠢。蒸汽機是偉大的工業進步，並且也可以製造得相對安全。企業聯合是必需的，其危險性也可以得到控制；否則就要怪我們的立法者辦事不力了，無法促成工業產業上最重要的變革。

一八九九年，在工業委員會的聽證會上，我曾說過，如果可以由我制定工業生產聯合的法律：首先，聯邦法律必須使企業集團的建立和運營合法化。其次，各州的法律盡可能統一，鼓勵人才和資金的聯合，以推動工業發展，同時實施政府監控；扶植工業發展，反對蒙蔽公眾。直到今天，我仍然堅持一八九九年時的看法。

3 嶄新的機遇：這是個最好的時代

我絕不相信當今的時代（指企業聯合、結盟）會對個人造成不利的影響。我們正在進入經濟上的黃金時代，未來的年輕人擁有無數珍貴的機會。我們經常聽年輕一代抱怨他們的機會不如父輩和祖輩多。他們怎麼可能會知道我們這輩人所遭遇的困境？在我年輕的時候，我們擁有所有未開發資源，但卻不知從何入手；

我們必須一步步探索前進的道路；我們完全沒有前人的經驗可供汲取。資金是最棘手的問題，信貸當時還是一件神秘的事物。現在我們擁有了整套完善的商業信用的體系，但當時所有事情都是雜亂無章的。我們經歷了慘重的戰爭以及隨之而來的種種災難。

和當年比起來，今天的環境要優越一千倍。我們的土地上有豐富的資源等待開發；我們擁有巨大的國內市場，也正在開拓國外市場——在其他文明程度落後於我們的地方。在東方，四分之一的人剛剛開始覺醒。當代的年輕人繼承了父輩的遺產，相比較之下，他們的父輩的生活顯得貧困交加。顯然，我是個樂觀主義者，但在美國未來將取得怎樣的成功的問題上，我還是持一些比較保留的態度。

在先天條件優越的情況下，想獲得最大的收益，我們需要做的事情還有很多；而其中最重要的是在全世界建立起美國的信譽。

我希望美國的公司能夠吸收更多的外國資金，希望美國人能夠恪守友善、誠信的原則，這樣外國投資人才不會後悔投資購買我們的股票。

我自己投資了很多家美國企業，但並不是管理者（只有一家企業例外，不過這家企業的分紅並不可觀）。像所有的股東一樣，我的利益完全依賴於公司的誠信和妥善的管理。我對這些公司的管理者有百分之百的信心。

4 美國商人

很多持悲觀論調的人都會評論美國商人貪婪成性，說我們是這個國家裡的守財奴。過分關注報紙上關於商人貪婪的報導是很傻的，因為報紙報導的總是一些聳人聽聞的事情。一個人按部就班的生活不足以成為報紙的噱頭，只有不同尋常的事情發生時他才會被登上頭條。商人只是偶爾成為公眾的焦點，所以報紙上的報導並不能代表他正常的生活。這些思想活躍的人工作的目的並不只是為了錢——他們沉迷於這一職業。他們工作的熱情絕不僅僅來源於積聚金錢，而是來源於更高尚的動力，就像我曾說過的，商業的標準在提高，商人也一直在追求著進步。

我絕不認同以下這個觀點，那就是，在我們的國家裡，金錢至上。如果真是這樣的話，我們應該是一個守財奴的民族，而不是捨得用錢的國家。我也不會承認我們如此地狹隘，竟會妒忌別人的成功。事實恰好相反：我們是最野心勃勃的國家，但一個人的成功會成為其他人的動力，而不會是招人眼紅。將我們說得如此狹隘完全是一種惡意地毀謗。

提起妒忌以及金錢至上的觀念，我想我們需要一些像我的愛爾蘭鄰居那樣的幽默感。他建了一棟我們認為極其醜陋的房子，從我們的窗戶望出去，房子的顏色非常刺眼。我在建築上的品味和我的愛爾蘭朋友大相徑庭，於是我們決定在兩棟房子中間種一些樹，隔開我們的視線。

另一位鄰居見到這個情景，問我們的愛爾蘭鄰居福利先生（Mr. Forly）為什麼洛克菲勒先生這樣做。福利馬上用愛爾蘭式的幽默回答他：「因為他妒忌我，他實在受不了看到我的房子這麼漂亮。」

在我那個年代，人們做事情的方式與現在並沒有什麼不同。在大家可以調整步伐共同促進行業發展的時候，幾乎所有人都認為自己的事情是與眾不同的，無法與別人同步。所有已經做出或者即將做出的愚蠢的決定，所有不專業的商業計畫，這

些人都會辯解這對他而言是當務之急。他就是必須將價錢降至成本價以下，擾亂行業中其他人的商業計畫，因為他是如此地「與眾不同」。他們希望最完美的時機造就最完美的機會，但即使等到世界末日，他們也等不到這一天。而嘗試說服他們放棄，經常是一件徒勞無功的事情。

還有另一種人，從來都沒有完全瞭解自己的狀況。很多聰明絕頂的人在理財方面卻缺乏天分，他們的財務狀況太混亂，以至於自己都不清楚生意的盈虧。在生意不景氣的時候，人們總是不願意面對現實，理清自己的財務狀況。這是做生意的大忌。從一開始，標準石油的管理者便清楚而準確地記錄每項收支。我們知道自己賺了多少錢並且盈虧在哪裡。至少，我們不會自欺欺人。

我的商業理念無疑是保守的，但商業的基本原則並不會改變，有時候我會覺得現在的美國商人即使思維、反應速度、商業精神、行動力各方面都很出色，卻未必已經滲透商業管理最精髓的部分。我一直強調必須坦然而誠實地面對自己的實際情況：很多人以為逃避便可以幫助他們渡過難關，但是自然法則是不可違背的，越早認清現實，處理得越好。

人們經常會討論薪酬以及為什麼必須保證高薪酬的問題，例如，鐵路工人為什麼不能降薪等。

勞動者應該得到與他所付出的勞動同等的報酬。如果他的報酬高於他所應得的，很可能他是在接受救濟，而這破環了事物的平衡。你不能逃避現實，也不能改變商業的內在規則，否則必敗無疑。這些都是最簡單的道理，然而也正是許多人所忽視的。這些是我們無法擺脫的現實——商人必須不斷地根據外部條件調整自身。有時候我會覺得美國人經常在尋找通往成功的捷徑，有時候也確實可以達成願望；但是工作上真正的成效來自於認清現狀以及腳踏實地。

很多成功人士在到了退休年齡的時候也不會選擇功成身退。他們不願意在家賦閑，或者不願意放棄自己畢生的追求，或者，更偉大者，他們覺得自己應該繼續為員工和合夥人創造財富，這些人是我們國家偉大的建造者。試想一下，如果所有事業興旺的美國商人在取得一定的成功之後便安於現狀，那麼會留下多少未完成的事業。如果確實這樣，我也完全理解。然而，富則兼濟天下，成功並意味著相應的責任，我們社會公益性機構也需要美國商人的智慧以及他們的資金贊助。

但是，有一些人卻只是獨善其身，幾乎沒有考慮過自己的生意以外的事情。如果參與公益性籌集資金的工作，他們會首先向捐助人道歉，似乎這是一種恥辱。

「我不是乞丐。」我曾聽很多人這樣說。

我只能回答：「你這樣覺得，我感到很遺憾。」

我自己一直是這樣的「乞丐」，而這種「乞討」的經歷對我而言彌足珍貴，後面的章節中，我將詳細講述。

〔番外篇〕

競爭，以上帝之名

洛克菲勒他把殘酷的競爭看成是上帝的意思，他把自己的創業歷程看成是基督教的傳奇。在他的眼中，是他將那些罪孽深重的煉油商拯救出來的。「競爭，以上帝的名義」是他一貫的策略和原則。

洛克菲勒是一名虔誠的基督徒，而他在闡述他的石油公司時也總是會利用他所知道的宗教進行比喻。他曾經這樣說過：「標準石油公司就是一位仁慈的天使，他讓你們帶上自己的家當，乘上他的方舟，而他也願意和你們共同承擔風險。」

如果有人批評洛克菲勒的做法破壞了石油市場，那麼他就會非常生氣地說：「這不是破壞，也不是毀滅，這完全是出於好心的。這是上帝的旨意，是神聖的。

我們的目的就是將這個垮掉的行業從地獄的深淵裡拉出來。不能因為這樣，就把我們認為是罪犯。」

在他那裡，標準石油公司就是建立在信仰之上的，並且拯救了整個石油行業，將石油行業從黑暗推向了光明。而標準石油公司背後的洛克菲勒和他的合作夥伴們則都是送來光明的使者，收購煉油廠其實也是對弱小競爭者的一種關心和愛護，並沒有什麼不光彩的地方。

洛克菲勒出生在貧窮的人家，性格比較好強。學生時代，洛克菲勒也經常逃課，不喜歡聽講，是老師眼中的「怪孩子」。可就是這麼一個不喜歡上課的小孩，對財富卻有著超乎常人的敏感。

有一天，玩耍回來的洛克菲勒在街上見到了一輛破舊的玩具車。他把車拿到了家裡，花費了好幾個小時的時間才將這輛玩具車修好。第二天，他便將玩具車拿到了學校，哪一位同學想要開玩具車，就必須給他5美分。就這樣，不到一個星期的時間，洛克菲勒便用這些錢重新購買了一輛新的玩具車。

洛克菲勒的老師得知此事後，對洛克菲勒說：「按照你的經商頭腦，如果你生在一個富裕人家，那麼你將來肯定會成為一名出色的商人。但是可惜你生在貧窮家庭，商人對你來說是一件不可能的事，你以後能夠成為街頭小販就已經很不錯了。」洛克菲勒聽後，心中很不以為然。在他心裡，「不可能」三個字是不存在的，他的心裡只有信念和拼搏。在他看來，只要努力，就沒有做不成的事。

洛克菲勒從來不把時間用在各種娛樂場所中，他不喜歡珠光寶氣炫耀的裝飾，相比來說，他更喜歡運動和工作。尤其是到了中老年之後，洛克菲勒依然不肯放鬆自己的身體，他把業餘時間用來運動，比如騎馬，他甚至像一個幹勁十足的小伙子一樣，兩天內騎著賽馬跑了大概80英里的路程。

在工作上，洛克菲勒表現得是那麼準時和充實。每天早上他的理髮師會在梳妝室為洛克菲勒修臉，然後洛克菲勒吃完早餐後，就準時地來到褐砂石門廊（十九世紀用褐色石材及紅磚所建築的紐約特色建築物），花5分錢乘坐在第六大道出發的高架火車到市中心。

車子奔馳的同時，洛克菲勒也不肯浪費這不可多得的好時光，他一路上腦子也不停歇，思考著每天的事物，還用鉛筆在襯衫袖口上記下想到的事情，然後像踩著空氣墊子一樣，在9點鐘準時走進標準石油公司的大樓。

有一點，洛克菲勒和查爾斯有著共同的認識，那就是珍惜時間和金錢。在他們看來，生命是不可逆的，時間只會流逝，無法挽留，所以浪費時間的行為是萬萬要不得的，金錢來得不容易，就應該讓它的價值體現在真正需要它的地方，而不是胡亂揮霍。

正是因為懂得珍惜時間，所以，洛克菲勒總是善於把握有效和長期的時間，用來處理各種瑣碎的事情，他用超強度的勞動來向他的石油大王夢想前進，因此比別人付出了更多的努力，洛克菲勒才能在30歲的時候成為美國最大的煉油商，更是在40歲成為美國最大的石油產業經營者。（林郁）

·第 4 章·

職場人生：一本生意經

當我剛剛步入成年時，克拉克・洛克菲勒的農產品貿易已經發展得如火如荼。六十年代初期，我們組建了一個公司，經營石油加工和貿易。它的創始人包括梅塞爾・詹姆斯（Messrs James）、理查・克拉克（Richard Clark）、塞繆爾・安德魯斯（Samual Andrews），以及克拉克・洛克菲勒公司。這是我與石油行業的初次交鋒。隨著公司的發展，克拉克・洛克菲勒必須提供一筆巨大的專用資金。安德魯斯先生在公司中負責生產部門。並且，他還學會了用硫酸淨化原油的工藝。

一八六五年，公司解散了。我們決定清收現金資產，還清債務，但工廠以及公司的品牌仍有待處理。有人建議採用競標的形式來決定所有者。我認為這種方式很公平，但還有競標的時間以及由誰主持等問題。當時，我的合夥人的律師恰好在場，而我從未考慮過聘請法律代表；我覺得這樣一個簡單的交易我自己便可以處理。於是，我們當即決定進行拍賣，由律師擔當拍賣人。大家一致同意，拍賣開始了。

我已經決心進軍石油行業，不是把它當成副業，而是大規模地投資。安德魯斯先生的想法也和我一樣，願意與我合作。我認為石油煉製業前景無限，但當時我並沒有想到會有這麼多人和我一樣湧入這個市場，但我仍然信心十足。我已經準備了足夠的資金，足以買下工廠和商標。而我也準備放棄克拉克・洛克菲勒農產品貿易方面的業務——這一部分後來由我的舊搭檔克拉克先生接管。

我記得拍賣的起價是五百美元。我先出價一千美元；他們出二千美元；接著價格一點點上漲。雙方都不願意放棄，競拍價逐漸上升至五萬美元，這個價格我們覺得已經遠遠超出了公司本身的價值。價格又繼續上漲到了六萬美元、七萬美元！我開始擔心我的購買能力了。最後對方出價七萬二千美元。「七萬二千五百！」我脫口而出。

克拉克先生對我說：「約翰，我不會再叫價了，這個公司是你的了。」

「我現在就付支票給你嗎？」我問道。

「不用，」克拉克先生說，「我相信你，方便時付給我就可以。」

於是，洛克菲勒・安德魯斯公司成立了，我正式開始涉足石油行業。在之後的四十年裡，我在其中爬摸滾打，直到五十六歲退休。

石油行業早期的歷史已是家喻戶曉，不需贅述了。原油淨化是一種簡單的生產工藝，並且最開始時利潤空間非常大。自然而然，各個行業的人都投身其中：肉商、烘焙師、做燭臺的工匠……紛紛開始煉油。很快，成品油便供過於求了。價格一跌再跌，這一行業面臨著崩潰。

石油產品的市場必須向海外擴展，而這是一個漫長而艱苦的過程；煉製工藝也亟需改進，以節約成本，降低售價，但保持利潤空間，並且充分利用所有副產品，而在一些工藝水準較低的煉油廠中，這些材料是做拋棄處理的。

我們的事業剛剛起步便遇到了這些問題。在大蕭條的環境下，我們開始向鄰居和朋友推銷我們的產品，以求在一片混亂中挽回一些訂單。拓展市場、全方位地提高生產工藝，這些任務都超出了當時任何一家企業的能力範圍。

最後，我們得出結論，唯一的出路只能是增加資金投入，吸收優秀的人才以及先進的經驗。

本著這種理念，我們開始並購最大型最成功的煉油公司，實行集中管理，以實現更經濟有效的運營。公司發展得比我們所期望的更快。

這家企業，在許多有技術有能力的人的共同努力下，很快便在生產工藝、運輸條件、金融狀況、市場拓展等方面均贏得了領先地位。我們也曾遭遇困難與挫折；我們曾在火災中損失慘重；原油的供應也一直不穩定。我們的計畫經常不得不隨著外部條件的變化而變化。我們在石油基地建立大型設施，建造儲油罐，連接石油運輸管道；然後石油開採不出來，我們的全部工作可都要白費了。充其量這只是一個投機行業，而很多次我們都險渡難關；但我們也逐漸地學會了怎樣經營這一艱難的行業。

1 海外市場

幾年前，有人問我我們的公司是如何發展至現在的規模的，我回答道，我們開始只是俄亥俄州的一家合夥的事業體，後來發展為股份制的集團公司。對於一家本地的煉油公司來說，這種成績已經算是了不起了。但是，如果僅僅依靠當地市場的話，我們早就失敗了。我們不得不將市場拓展至世界的每一個角落。沿海城市在發展海外市場方面擁有得天獨厚的優勢，我們很快便發現，在這些地方建造工廠，不僅出口便利，而且經濟有效；於是我們在布魯克林、巴約納、費城、巴爾的摩建立了煉油廠，並配套了相應的子公司。

我們很快又發現，我們原先所採用的用油桶運輸的方法已經不再適應業務發展

的需求。包裝的成本經常比石油的價格還高，並且久而久之，樹木的消耗量非常大，我們國家的森林也不再能夠提供那麼多價格低廉的原材料。於是我們嘗試開發其他的運輸方式，採用了輸油管道系統，並籌集到建設油管的資金。

建設輸油管道必須得到當地政府的授權——在當地設立子公司也同樣——就像途經各個州的鐵路必須遵從各個州的法律一樣。輸油管道系統的完善需要巨額資金。整個石油行業都依賴於油管的運輸功能。沒有這些管道的話，所有油井的價值都將被削弱，每一個國內外市場都將更加難以維持，因為消費者所承擔的費用將增加。失去這種運輸方式，整個行業的發展將會受到阻礙。

輸油管道系統還需要其他改進，例如，鐵路上的油槽車，以及後來的油罐汽船的應用。所有這些都需要資金，以及相應的運營機構。

我們所走的每一步都是企業穩步發展的必經之路。只有通過這些一點點的進步，以及資金的大量聚集，今天的美國才得以享用從她的土地裡源源不斷傾吐而出的財富，並且為世界帶來光明。

2 標準石油公司的創建

一八六七年，威廉・洛克菲勒公司（William Rockefeller & Co.）、洛克菲勒・安德魯斯公司（Rockefeller & Andrews）、洛克菲勒公司（Rockefeller & Co.）、哈克內斯（S. V. Harkness）、亨利・莫里森・弗拉格勒先生（Henry Morrison Flagler）共同組建了洛克菲勒・安德魯斯・弗拉格勒公司（Rockefeller, Andrews & Flagler）。

這家公司組建的初衷是聯合我們的技術和資金，形成更具競爭力的企業，實現經濟有效的運營方式，取代各自為政的小本經營。隨著時間的推移以及合作的可能性越來越大，我們發現需要進一步加大投資；於是我們再次籌資一百萬美元，創建

了標準石油。後來我們發現還有更多的資金可以利用，並且找到了感興趣的投資者。一八七二年，公司的資本增至二百五十萬美元，一八七四年，再次增至三百五十萬美元。隨著公司的發展以及國內外市場的相繼開發，公司吸引了更多的人才和資金，並購及創建了更多子公司，而我們的目標一直沒有改變，那就是，通過提供最優質最便宜的產品發展壯大。

我認為，標準石油公司的成功應歸功於我們一直堅持的理念——通過質優價廉的產品維護並擴大客戶群。她不遺餘力地採用最先進最高效的生產方式。她廣納賢士，用最豐厚的薪酬聘請最優秀的專家和工匠。她從不吝惜放棄舊的機器和工廠，用更精良的設備和更優越的環境取代之。她在工廠的選址上非常考究，以最大程度地降低運輸成本。她不僅開發主要產品的市場，而且也尋找所有可利用的副產品的市場，竭盡全力地將它們引進世界的每一個角落。

她不惜花費數百萬美元，建造輸油管道、油槽車、油罐汽船和拖罐車，降低石油採集和配送的成本。她在全國各地的中心鐵路線旁建設補給站，節約石油儲存和運輸的費用。她對美國石油充滿信心，並彙集了大量的資金，成就了今天美國石油的成功，抵制俄國以及其他所有石油產出國的競爭。

3 安全保障方案

以下這個例子是我們獲取收益並贏得優勢的方式之一。

根據以往的寶貴經驗，火災是石油煉製和儲存中的大敵，然而，通過將工廠分散到全國各地，我們所承受的風險減小了。我們建立起一套風險防禦的系統，沒有一場火災可以將我們毀滅。我們用於應急的儲備基金不會像一些將工廠建造在同一個地方或附近區域的企業一樣，一瞬間便用完。我們研究並完善我們的管理制度，防禦火災，每年改進設備，調整計畫，直到這一安全保障方案所產生的收益逐漸成為標準石油的主要收入之一。

我們的安全保障方案成效顯著，火災造成的損失得到了有效控制。這些都轉化

為收益，而受惠的不僅是煉油公司，還有其他許多附屬企業，例如，副產品的生產商，油罐、油罐汽船、油泵的生產商等。

我們全心全意致力於石油產品的經營。公司從未涉足其他行業，而是堅持完善現有的企業。

我們培養自己的人才；其中很多人都是從少年時代便開始接受我們的訓練；我們為他們提供最大的發展空間；他們可以購買公司的股票，而公司也會協助他們管理他們的股票。我們的年輕人不僅在美國，而且在世界各地，都擁有自我提升的機會；我們也歡迎從前的合作夥伴的後輩加入公司。我敢說無論在過去還是現在，標準石油都是一個忙碌而快樂的大家庭。

曾經有人問我，現在的管理層是否會經常諮詢我的意見。我想說，如果他們需要的話，我十分樂意提供我的建議。但事實上，退休以來，幾乎沒有人向我徵求意見。但我仍然是大股東，我的股份在我退出公司的管理事務之後反而增加了。

4 標準石油如何支付可觀的分紅

讓我解釋一下標準石油的分紅吧，有些人可能會感興趣，但我相信也一定有些人會對此不以為然。標準石油每年有四次分紅：第一次在三月，一年中最繁忙的季節此時剛剛結束，因為冬天石油的消費量遠遠超過其他季節，其他的三次分紅一般是每個季度一次。

目前，公司的股本是1億美元，分紅的比例是40%，但這並未表示公司得到的收益是投資資金的40%。事實上，這是公司運營35或40年來所有儲蓄和盈餘累加的結果。公司的股本增倍，沒有一分一毫的過剩資本或「水分」；這才是真正的價值。公司的股本翻幾番，股東得到的分紅也會相應提升6%至8%。

5 正常的發展

讓我們來瞭解一下這些年來公司的財產升值的幅度。很多輸油管道建造的時候，成本只是現在的二分之一。廣袤的油田買入時只是未開發的土地，後來卻讓我們獲得了豐厚的產出。公司曾購買大批被認為毫無用處的低品質原油，希望可以加以利用，隨著煉油工藝的發明以及殘渣的回收，這些原油的價值得到了大幅度提升。公司低價買入的碼頭經過開發之後成為珍貴的資源。我們還在重要的商業中心附近買下大片未開墾的土地。我們將工廠遷至這些地方，充分地利用當地的土地資源，這不僅為我們自己的產業增值，也使附近的地價比原來增長了無數倍。無論在美國還是在國外，我們在建造工廠的地方總會買下大批土地。我記得我們曾以約一千美元每英畝的價格買下一些荒地，而經過開發，那些土地的價值在35至40年間翻了四五十倍。

其他人的財產也和我們一樣，得到了升值，但他們相應地將收益用於擴大投資，從而避開了我們所受到的那些指責，而我們只是本著老式保守的觀念，繼續進行資本積累。

這並沒有什麼奇怪或神秘的；所有這些都遵從商業發展的自然法則。這也是阿斯特家族（the Astors）和其他許多房地產巨頭的做法。

假設一個人以一千美元的資本起家，然後將大部分收入積蓄起來，用這些積蓄逐步擴大自己的產業和投資，慢慢地，他的產業得到了升值，投資額增加到一萬美元，這並不能說他的收入是由最初的一千美元的投資產出的。這同樣也是資本積累的一種方式。在這裡，我想再次表明我的看法，標準石油的管理者不應該遭受指責，而是應該受到表揚。在這個風險性或者說投機性極強的行業裡，他們始終小心謹慎地穩住陣腳。標準石油的分紅從未令股東失望，並且，越來越多人開始購買標準石油的股票。

6 資金管理

就像我曾提過的，我們從未嘗試通過證券交易所出售標準石油的股票。早年，石油行業的風險很大，如果股票在證券交易所上市的話，浮動一定會很劇烈。我們更願意讓公司的所有者和管理者全心全意地關注公司的發展，而不是將精力花費於股票投機。我們妥善地管理公司的收益。有人批評我們使用大比例分紅的伎倆欺騙投資者。如果我們的股票在證券交易市場上市，又可能被批評為誘惑大眾進行投資。公司採用的是穩固根基、保守經營的模式，經過早期籌集資金的艱辛以及商海沉浮的歷練，我們決定充分依靠自己的資源。我們從未過分依賴金融機構的幫助，而是自己妥善地管理公司的財務，這不僅是為了保護自己的利益，也是為了在危難時刻可以向其他人伸出援手。標準石油受到了一些人的攻擊，而這些人對事情的真相其實一知半解。很久之前我便退出公司的事務管理了，但我還是想說，那些揮灑汗水、將美國石油銷往全球的人理應受到讚賞和鼓勵。

關於標準石油從事所謂的投機活動的謠言滿天飛舞。在這裡我想提一下這個話題。標準石油感興趣的領域僅限於石油產品以及與之相關的合法的生產事宜。她建造工廠，生產油桶和油罐；生產油泵，抽取石油；她運營船舶，用以運輸石油，也擁有油罐車，輸油管道等等——但絲毫沒有投機動機。石油行業本身已經具備足夠的投機性了，成功地經營石油公司需要堅定的行動和清醒的頭腦。

公司股東的分紅來自於石油行業中的收益。股東們可以以他們認為恰當的方式花這些錢，公司對股東的分紅決不具備任何支配權。標準石油並沒有擁有或控制什麼「連鎖銀行」，也沒有與任何銀行存在任何利益關係。她與銀行的關係只是正常的業務往來，與其他的儲戶別無兩樣。她購買及銷售自己的股票；在漫長的歲月裡，這些交易使她的匯票為全世界所接受。

7 性格決定一切

標準石油公司成立的初衷並不只是資本的合併，而是智慧的彙集，這是我們真正的出發點。

或許我還是需要再次強調，一家企業的成功依靠的並不僅僅是資本、工廠，以及嚴格意義上的「物質」。人的性格、能力才是決定性的因素。

一八七一年後期，我們開始購買克利夫蘭一些重要的煉油廠。當時的環境非常混亂，不確定因素非常多，很多煉油廠廠主都迫不及待想擺脫這一行業。我們為這些賣家提供了兩種選擇：收取現金或者是換取標準石油的股票。我們很希望他們能購買公司的股票，因為在當時就算一美元對我們來說也彌足珍貴，但本著生意上的原則，我們決定還是讓賣家自主選擇，但大部分人都毫不猶豫地選擇了現金。現金可以買到實質性的東西，而股票是否能增值仍是個問題，對石油市場復興的可能性，他們深表懷疑。

許多年來，我們一直在收購煉油廠，在這段時間內，克利夫蘭很多重要的煉油廠都納入標準石油旗下。然而，有一些規模小一點的廠仍然堅持繼續經營，不願意像其他煉油廠一樣被收購。在一些地理位置比克利夫蘭更優越的煉油地，也有一些經營得非常成功的煉油廠。

8 收購巴克斯

我們所有收購煉油廠的交易都是在公平、誠信的基礎上進行的，然而許多人卻將其描述為強制性的掠奪行為。例如，在收購巴克斯石油公司（Backus Oil Company）的事情上，廣為流傳的故事版本是，巴克斯石油公司受到了無情的剝削，而我就像從一位無依無靠的寡婦手上搶走了最珍貴的財產，而只付給她一小部分的賠償。這個故事極具煽情效果，如若屬實，這將是一個聳人聽聞的殘酷壓榨毫無反抗能力的婦女的例子。這個故事廣為流傳，許多毫不瞭解真相的人信以為真，並因此對標準石油以及我本人深惡痛絕。

這就是為什麼我要詳述這件事情的原因——雖然多年以來，我一直避免觸碰這個話題。

巴克斯先生（F. M. Backus）在克利夫蘭備受尊敬，同時也是我的一位老朋友。他於一八七四年去世，去世前的幾年裡，一直從事潤滑油的生意。他去世後，他的生意由家人接管，並成立了巴克斯石油公司。一八七八年末，標準石油購買了這家公司的一部分產權。購買前，談判持續了幾個星期，查爾斯・馬爾（Charles H. Marr）先生代表巴克斯石油公司的主要股東巴克斯夫人（Mrs. Backus）與我方的代表彼得・詹寧斯（Peter S. Jennings）進行談判。我本人並沒有參加談判，只是這件事情剛剛開始籌畫的時候，巴克斯夫人約我到她府上討論產權購買的相關事宜，並提出希望由我本人參加談判。我到她府上進行了拜訪，但婉拒了她的要求，並向她解釋我對談判的細節並不熟悉。我建議她不需要急於行動。她擔心公司的未來，比如，她說擔心沒有足夠的油車運輸石油。我對她說，雖然我們也需要油車，但她需要多少輛我們都可以借給她，在其他事情上我們也會不遺餘力地提供幫助，她的生意與過去相比較並沒有什麼區別，一樣可以做好。但是，如果經過深思熟慮之後她還是決定出賣產權，我們將會派一些熟悉潤滑油市場的人與她共同協商。她

表示仍然希望將產權出售給標準石油，於是我們安排了詹寧斯先生進行談判，我所做的只是在我們的專家對巴克斯的工廠、品牌和繼承權的價值進行估算之後，在總價上加上一萬美元，以確保巴克斯夫人得到全額的利潤。

交易完成了，我們付給了巴克斯夫人協商好的價格，她對價格也十分滿意。

然而，我所意想不到的是，一兩天後，我收到她一份非常不友好的信，抱怨她受到了不公平的待遇。在調查了事情的來龍去脈之後，我寫了一封回信，內容如下：

一八七八年11月13日

尊敬的女士：

您11日的來信已收悉。我已詳細回顧了我們收購巴克斯石油公司的每一個談判細節，認真反省了我是否做過任何冒犯及傷害您的事情。在我們的會面中，我確實建議過如果您願意，可以保留一些巴克斯石油公司的股份，做些投資，但您表示一旦售出您希望完全脫離這個行業。

瞭解了您的意願之後，我們便不再為您預留公司的股份，並依此做了相應安排。當您提出購買一些股份的時候，我們只能根據如上的事實做出回應，而不是您信中所提到的斷然拒絕。

您提到我將巴克斯石油公司的業務從您手中奪走，這對我極不公平。收購巴克斯石油公司並非出自我自身利益的考慮，我認為完全是出於您的利益考慮。大約兩年前，您詢問我和弗拉格勒先生是否要將股份出售給羅斯先生（Mr. Rose），當時您急於將股份售出，並且價格比現在您所收到的金額低得多。而在我們的交易裡，如果接受延期付款的話，您還可以得到更可觀的收益。我們所支付的購買巴克斯產權的價格，三倍於重新建造相等甚至更好的設備的成本；但我慷慨地提出六萬美元的買價，這個價格我方的一些人認為實在過高。我認為，如果重新審視您的來信，您會覺得對我做出了十分不公平的論斷。我也希望您保持您的是非感。

然而，考慮到您此時的感受，我現在提出如下建議，您可以收回巴克斯的

產權，歸還我們所投資的資金，就像從來沒有進行過這場交易。

如果您不願意接受這一提議，我將以買入時同等的價格為您提供一百、二百或三百份股票。鑒於我們已開始在巴克斯石油公司投入資金，巴克斯石油公司的資產已增值10萬美元，每份股票的價值已升至一百美元。

您無需急於答覆。我將為您保留三天的考慮時間。接受或拒絕由您決定。同時，請相信我。

約翰・洛克菲勒

巴克斯夫人沒有接受任何一項提議。為了表明以上的敘述並不是我的一面之詞，我將附上如下文件：第一份是巴克斯先生的兄弟H. M. 巴克斯先生（H. M. Backus）的來信。他一直參與著巴克斯家族的生意。寫這封信完全出於H. M. 巴克斯先生自身的意願，而我也已徵得他的同意將其公佈。接著是參與談判的紳士們的一些證詞。我並無意宣揚信中H .M. 巴克斯先生對我的溢美之辭，但為了保證原文的真實性，避免由此引起誤會，我會將信件完整地公佈。

克利夫蘭，俄亥俄州

尊敬的洛克菲勒先生：

我不知道您是否將收到這封信，或許您的秘書會隨手將它丟進垃圾桶，然而我還是要寫這封信給您，以完成我自己的心願，如果您無法收到或者無法讀到，那也不是我的過錯了。從我已故的兄弟的遺孀 F. N. 巴克斯夫人（Mrs. F. N. Backus）寫了那封關於出售原來的巴克斯石油公司產權的無理、魯莽的信給您那天開始，我便想寫信給您，表明我對那封信件的不認可。我在巴克斯石油公司擁有一小部分股份。我和我的兄弟一家人住在一起，那天，您應巴克斯夫人之邀到家裡討論公司出售的事情時，我也正好在家。她告訴詹寧斯先生希望可以直接與您談判。關於出售公司，最開始我是贊同的。

我和巴克斯夫人一起經歷了她與羅斯先生和麥洛尼先生（Mr. Maloney）的糾紛，盡我所能鼓勵她，防止羅斯先生占她的便宜。在我看來，巴克斯夫人是位出色的金融家，但她並不知道，並且沒人能夠說服她，使她相信她在金融

方面最大的成功便是將巴克斯石油公司出售給您。

她並不知道在之後的五年裡，近乎瘋狂的競爭將使公司走向窮途末路；歐幾里得街的產業使她背負巨債，她非常有可能將無法翻身；而唯一拯救了她的轉機便是洛克菲勒先生的提議。

她認為你從她那裡掠奪了上百萬的財富，讓她的孩子食不果腹，漸漸地，這種想法發展成為一種病態的偏執，沒有任何人可以勸服她。她在很多方面都很智慧，但在這件事情上始終太主觀和片面。當然，如果可以持續不斷地得到分紅，我會反對將股份全部售出，但完全沒有風險是不可能的。我知道您建議了在購買價上加一萬美元，我知道您付了三倍於我們的產業價值的價格，我也知道所有這些使我們避免了一敗塗地的命運，而我只是想向您表達我的真實想法。在將公司出售給您之後，我去了布法羅，天真地以為可以東山再起，但很快便遭遇失敗，偃旗息鼓。我又去了得魯思，站在房地產業的風口浪尖，直到房地產的泡沫經濟破滅，而我徹底破產。我經歷了人生的大起大落，但我嘗試著為自己療傷，樂觀面對現實，而不是坐在檜樹下，指責約翰·洛克菲勒讓我遭受損失。

如果不是一兩天前與Buckeys管道公司（Buck-eys Pipe Line Company）的哈納芬先生（Mr. Hanafin）聊起原來的巴克斯石油公司出售的事情，或許這封信又將推遲許多年才寫，但那次交談讓我重新燃起了寫這封信的念頭。現在已經完成了，我也了卻了一個心願。

再次向您表達我衷心的尊敬與讚賞，約翰・洛克菲勒先生。

您真誠的朋友，H. M. 巴克斯

一九〇三年9月18日

博林格林市，俄亥俄州

從談判記錄中看到，代表巴克斯夫人參與談判的是查爾斯・馬爾和麥洛尼先生。查爾斯・馬爾是當時巴克斯公司的員工，麥洛尼先生是巴克斯公司的管理層，參與公司的創建並擁有股份；代表標準石油公司的是彼得・詹寧斯先生。

在人們的印象中，標準石油以七萬九千美元購得的產權的價值遠超過該價格，而巴克斯公司是在標準石油的威脅和強迫下做出妥協的。詹寧斯先生請馬爾先生提供一份書面的提案，列出巴克斯公司即將出售的資產項目和價格，此份提案隨附在詹寧斯先生的供詞中。標準石油最終決定不要購買巴克斯所有的資產，而只是其手上的石油，並以市場價支付一萬九千美元，而關於「工廠、品牌和繼承權」，馬爾先生出價七萬一千美元，標準石油還價六萬美元，而對方很快接受。馬爾先生的供詞如下：

「查爾斯・馬爾在此宣誓，他代表巴克斯石油公司參與談判，促成了上述公司工廠、品牌及股份的售出。上述公司出價十五萬美元（USD 150000）出售全部股份，包括庫存現金、應計股利等，詹寧斯要求上述公司提供所出售資產的定價提案。經知會巴克斯夫人，並得到其同意，本人提供詹寧斯證詞後所附提案；提案由本人手工書寫，並應詹寧斯要求親自在美國潤滑油公司（American Lubricating Oil Company）辦公室原本影印。」

「巴克斯夫人充分瞭解上述談判的細節及提案中的項目及價格，談判的每一步驟都經諮詢其意見後進行，因其為巴克斯公司當前最大的股東，擁有上述公司近十分之七（7/10）的股票。

據證人所知，巴克斯夫人完全同意提案中的項目及價格，並接受詹寧斯以六萬美元（USD 60000）的出價購買工廠、品牌及繼承權，無任何異議。如前所述，巴克斯石油公司的總資產約為十三萬三千美元（USD 133000），而一部分資產並未轉化為現金。」

關於收購巴克斯石油公司的談判，巴克斯夫人的代表馬爾先生還提到：

「詹寧斯先生或其他任何人從未對巴克斯石油公司施加壓力，也從未說過或做過任何事情以促成上述交易。」

他還說：

「談判持續了兩至三個星期……在懸而未決的階段，巴克斯夫人不斷地催促證人儘早得出結果，因為她急切想處理上述產業，擺脫日後的擔憂及責任。當證人告知她詹寧斯先生的開價時，她表示十分滿意。」

麥洛尼先生的證詞中提到，他從巴克斯石油公司剛創建時便一直擔任公司的管

理層，同時他也是公司的股東，是巴克斯先生生前多年的合作夥伴；他代表巴克斯夫人參與了公司出售的談判。提及談判時，他說：「最後，經諮詢相關專業人士，巴克斯夫人提出以七萬一千美元的價格出售工廠、品牌及繼承權。幾天後，標準石油提出以六萬美元的價格收購工廠及品牌，並以市場價購買巴克斯石油公司的存油。巴克斯夫人接受了這一出價，交易完成了。」

「在談判過程中，巴克斯夫人一直急於出手，對成交價也表示滿意。我知道一年半之前她曾嘗試出售巴克斯石油公司的股票，而價格比標準石油所提供的價格低30％至33％，而她旗下的工廠及產業在這一年半間也並未增值。我對巴克斯的工廠及其價值十分熟悉。在當時，建造新的工廠僅需二萬五千美元。我們並沒有受到任何威脅及恐嚇，也沒有遭受任何不友好的對待。

談判過程十分融洽、公平，標準石油的出價已遠遠超過所購產業的價值，而巴克斯夫人也非常滿意。」

如今，三十多年過去了。回過頭看，我仍認為巴克斯夫人受到了最友好最周到的對待。她沒有接受我所提議贈送與她的標準石油的股票，對此我深表遺憾。

9 回扣的問題

在標準石油公司所有吸引公眾眼球的事件中，最聳人聽聞的應數鐵路回扣的問題了。我曾就任俄亥俄州標準石油公司董事長，一八八〇年以前，標準石油確實收取過鐵路公司的回扣，但我們並不是平白無故地獲得利益。提供回扣是鐵路的一種商業手段。一般，鐵路公司會公佈一個標準價格，但據我所知，鐵路幾乎從未按此價格收取過費用；其中一部分將作為回扣付回給貨主。通過這種方式，貨主真正支付的運費不會被競爭對手也不會被其他鐵路公司知道，而回扣的多少則是貨主與承運人之間的較量了。

俄亥俄州標準石油公司位於克利夫蘭，擁有發達的鐵路網路，在夏天還可以選

擇水運；這些優勢為我們爭取低運費提供了便利。俄亥俄州的其他公司也具備相同的優勢。標準石油為鐵路公司創造了一些有利條件，以期壓低運費。我們大批量地出貨。我們提供高成本的裝卸車設備。我們保證穩定的貨量，於是鐵路公司可以最大程度地利用鐵路的運力，創造最多的利益。我們自己承擔保險，鐵路無需為火災負責。我們自費在鐵路網站建設設備，為鐵路節省了運營成本。基於所有這些條件，在運費合約中，我們得到了鐵路的「特殊津貼」。

但儘管有這些「特殊津貼」，標準石油為鐵路創造的收益仍遠遠超過那些貨量小、出貨不穩定，但或許運費較高的貨主。

為了瞭解吃回扣的現象，我們必須首先認識到，鐵路總是不遺餘力地擴大貨運量。它們必須應對來自水路運輸、輸油管道的競爭。所有這些運輸方式都使鐵路的市場面臨威脅，而鐵路竭盡全力想在競爭中勝出。標準石油提供快速裝車卸車的設備，具備穩定的出貨量，並且提供前面我所提到的種種條件。最終的結果便是為鐵路也為我們自己節省成本，達到雙贏。而這無疑符合商業的自然法則。

10 油管與鐵路

輸油管道的建造為鐵路帶來了另一個強大的競爭者。相比較鐵路運輸，通過管道輸送石油的成本低廉許多，輸油管道的發展是一個必然趨勢。唯一的問題在於石油的流量是否足以使投資獲得收益。經常發生這樣的情況，管道通到了油田附近，而那裡的油井卻停止出油，於是這些管道便成為最無價值的產業。

鐵路和油管之間存在著一種有趣的現象。很多時候兩者需要互為補充，因為油管只能覆蓋一部分的路程，而鐵路將繼續完成餘下的任務，將石油輸送至最終目的地。有這樣的例子，之前我們按照協定價全程委託鐵路運輸石油，但輸油管道建造後，一部分路程改用油管運輸，一部分路程仍用鐵路運輸，雙方都應該得到運費收

入。然而，因為之前我們已經向鐵路支付了全程運費，現在鐵路必須將一部分費用歸還我們。於是，便出現了標準石油公司為鐵路公司打折扣而不是反之的現象——其中的計算方法十分複雜，但我還從未聽到任何關於這個問題的怨言。

標準石油公司的收益並非來自鐵路提供的支援，鐵路公司反而能從標準石油的運輸委托中獲利。標準石油公司持之以恆的減少運輸成本的努力只是為消費者節省開支的方式之一，而這使我們成功地佔據了全球市場，因為我們可以提供低價格的產品。

議價是一門高深的學問；所有人都在爭取最有利的價格。州際貿易法通過後，聽說一些貨量很小的小公司拿到了比我們更優惠的價格，儘管我們投資建造了大量終站設備，提供穩定的出貨量以及其他一些便利條件。

我記得波士頓有個很睿智的人曾談論過回扣的問題。他是位經驗豐富的商人，處事小心警惕。他擔心他的競爭對手拿到比他更優惠的價格，並做出了如下聲明：「原則上我反對吃回扣這件事情——除非我自己有利可圖。」

〔番外篇〕

經營人生＝熱情＋動力

「人生如棋，落子無悔。」有人說，經商就如同下棋，每一步都是步步為營，相互牽連，要想使對手跟著自己的步調走，那就要有目的、有意識地多想一步甚至幾步的招數，做到有先見之明。

其實，人生何曾不是都如此？一步走對了，贏家全拿，一步走錯了，也可能全盤皆輸，問題是：「你要如何洞悉這盤棋？你是否有先見之明！」

洛克菲勒用打高爾夫時的場景為兒子小約翰做了說明：試著想想看，一場高爾夫球比賽，不可能一杆完成。你需要一洞一洞打過去，你每打出一杆的目的就是使球盡量靠近球洞，越近越好，直到把球送進去。的確如此，只有我們有目的地計劃

好揮杆的方向和力度，球才能隨著我們的設想一點點向目標靠近。

以中、美、英、蘇為首的第二次世界大戰戰勝國決議建立一個普遍性的、全球性的國際組織——聯合國。但聯合國從醞釀到正式誕生卻經歷了一段艱辛而漫長的過程。

一九四五年10月聯合國正式在美國舊金山成立。一九四六年聯合國各大常任理事國在倫敦召開聯合國首屆大會，決定將聯合國總部設在紐約。會議上大家討論得熱烈非凡，可是當大家將一切都準備就緒時才發現，這個最具權威性的國際組織的「落腳之地」竟然還沒有著落呢！

要想買一塊地皮則需要巨額的資金，而聯合國不過是個剛剛成立的機構，哪裡有資金購買地皮呢？大家又商議讓各國警資，但是，剛剛掛起牌子就伸手向世界各國要錢，未免有些影響不好。更何況剛剛經歷了世界大戰洗禮的各國政府也都是國庫虧空，許多國家的財政赤字居高不下。因此想在寸土寸金的紐約買下一塊地皮做落腳地就成了擺在聯合國面前最大的障礙。

正在大家一籌莫展的時候，洛克菲勒家族雪中送炭，他花八百七十萬美元在紐約購置了一塊地皮無償奉獻給聯合國做總部基地。但不為人知的是，洛克菲勒家族也同時將毗連這塊地皮的其他大面積的土地都買了下來。

當時，諸多美國大財團聽說洛克菲勒家族的出乎意料之舉都感到驚訝不已。要知道，對於「二戰」後經濟持續萎靡的美國甚至是世界來說，八百七十萬美元絕非一筆小數目啊。但洛克菲勒家族卻將其無償奉獻給聯合國，在他們看來這件事就是愚蠢之舉，這些美國財團甚至嘲笑道：「洛克菲勒家族的這一舉動真是愚蠢至極，」並揚言道，「這下，用不了十年，大名鼎鼎的洛克菲勒財團一定會淪為臭名昭著的洛克菲勒貧民集團。」

然而，不知是上帝對洛克菲勒家族的偏愛，還是洛克菲勒有太過超前的投資意識。總之，出乎那些嘲笑者意料的是，聯合國大樓剛剛竣工，其周圍的地皮價格立即飆升，洛克菲勒家族這一次的投資，竟相當於找到了財富的根源，等同於洛克菲勒家族捐贈資金數十倍甚至是更多的巨額財富正如同無盡的石油一般源源不斷地湧進洛克菲勒財團。這種意料之外的結果，使得那些曾經譏諷和嘲笑過洛克菲勒家族捐錢舉動的商家們看得目瞪口呆。

一個人要超越自己，必須擁有很大的決心和韌性，要想塑造一個全新的旅程，就不要自我設限，必須打破內心的這種「心理高度」！

對於洛克菲勒來說，成為一個成功的商人不僅是他的目標，還是對他能力的一種挑戰。要想承擔起這項責任，實現自己的理想，洛克菲勒明白，只有使自己各方面的能力達標，才能獲得最大的成績。他已經做好了戰勝自己弱點的準備，他有計劃地在這幾個方面做了加強工作。

擁有看透事物本質的眼光是最基本的能力，不管是與人交往還是尋找商機，能夠準確把握其特點，洞察其發展趨勢，對於投資經商極有好處。

父親大比爾已經在生活中給洛克菲勒帶來了潛移默化的啟蒙影響，對金錢的渴望和重視、對經營的認識、以做生意時的小手段，這些都被洛克菲勒看在眼裡、記在心裡，還進行了簡單的初體驗。在休伊特公司上班時，洛克菲勒的以接觸正式的商業項目，並深入了解到某些行業的發展動態。

自己親自去考察體驗也是幫助形成敏銳眼光的好方法。當石油開採和提煉業以異軍突起的姿態進入人們視野的時候，洛克菲勒急忙抽出時間去油田進行實地考察，他查看油質、開採商數量、周圍交通狀況，通過詳細的勘察，他終於得出了正確的投資結論。

有人説「細節決定一切」。關注細節不僅能夠幫助我們發現商機，還能使我們減少損失。對細節比較小心翼翼的人，其性格中往往也是屬於比較有耐性的一面。不得不説洛克菲勒天生就有著細緻的心思，能堅持每日認真審查賬簿，發現其中細枝末節的錯誤，這使洛克菲勒表現出比同事極強的細心。

保持穩定的情緒，使做出的判斷不受感情左右也是成就一番事業所必需的素養。掙錢了就開心得合不攏嘴，虧錢了就沮喪得灰頭土臉，這一點是很忌諱的。

年少時期的洛克菲勒也時常會為自己取得的一些小成績而感到興奮，有時候他會高興地想要跳著走路，只是害怕摔倒或者被熟人認出，他才會控制著自己的行為。為了使自己能夠更穩重成熟些，洛克菲勒通過定期反省和寫日記來時刻提醒自己、警惕自己。

培養堅強的意志也是洛克菲勒改造自己的重要內容。要知道，沒有一件事情是

不費吹灰之力就能很好完成的。精神的力量是萬能的，這種意志力尤其能在遇到困難的時候幫助我們渡過痛苦的時期，使我們充滿不滅的激情。

洛克菲勒對於創業一直是保持著高度的熱情和動力的，也正是極度渴望財富和成功，他的忍耐力亦是非比尋常，在多次面對對手競爭的時候，他絲毫不泄氣，哪怕是輸也要光榮一戰。

規避自身缺點就是發揮個人優勢，與其說是效仿他人取得的成功，倒不如說是自己與自身缺點鬥爭後取得的勝利。也許這些因素還遠遠不能使一個人成為風雲人物，但是成功不是一個明確的概念，每個人都有對它的解釋，其實只要超越昨天的自己，就是一種成功。（林郁）

·第 5 章·

商海沉浮的一些經歷和原則

當年做鐵礦石這一行違背了我自身的意願，因為它增加了我的煩惱和責任。涉足這一行其實是因為當時在西北的投資頻頻失敗。

當時，我投資了許多不同的行業：煤礦、鋼鐵廠、造紙廠、鐵釘廠、鐵路、木材廠、金屬熔煉廠，以及其他我已經不記得的行業。我擁有這些公司一小部分股份，但從未參與企業的管理。並非每一家公司都能盈利。事實上，在一八九三年經濟大蕭條之前，有幾年的時間，通貨膨脹已經開始露出苗頭。當大蕭條來臨時，許多原本認為自己還算是富有的人悲哀地發現事實並非如此。

大部分這些產業我都未親眼見過，只是根據別人的調查判斷它們的價值。其實，我從未單純依靠自己的瞭解來判斷這些工廠的價值。我認識其他人，在調查這些企業方面比我勝出許多。

當時，我已經有退休的想法了，但大蕭條推遲了我期盼已久的悠長假期。幸運的是，我認識了弗里德里克・蓋茨先生（Frederick T. Gates），當時，他正參與美國浸信會教育協會（American Baptist Education Society）的一些工作，而他的工作性質使他頻繁地周遊全國各地。

我想到了或許蓋茨先生可以幫我獲取一些關於這些企業的第一手資料，他是個博學睿智的人，雖然並沒有工廠和作坊方面的技術知識。於是，有一次，他準備去南部的時候，我問他是否可以幫我調查一下我投資的一家鋼鐵廠，工廠剛好在他路過的地方。

他的報告近乎完美。他為我提供了詳細的情況，而大部分是不利的。不久之後他要去西部，我給了他我在那一帶投資的工廠的名字和位址，請他幫我調查。原本我信心十足地認為這家公司運營得很好，然而真相令我大吃一驚。這家公司號稱盈利豐厚、財大氣粗，但實際上，如果繼續按照現行模式經營下去，倒閉只是時間的問題罷了！

1 挽救失敗的企業

於是，我邀請蓋茨先生加入公司，幫我處理這些棘手的事務，並且像我一樣，成為一個商人。

但我們約定蓋茨先生將繼續他更偉大更重要的慈善事業。

在這裡我想向蓋茨先生表達我的欽佩之情。他擁有卓越的商業才能，深諳商道，運籌帷幄，同時，他所從事的慈善事業為社會帶來了持久而深遠的影響。他擔任普通教育委員會（General Education Board）的會長，同時也積極參與其他委員會的活動，多年來，他協助組織了許多公益性的項目，而我們實施這些專案的目的是為社會帶來長久性的利益。

蓋茨先生多年來替我打理個人事務。他陪我度過了艱難的時期，為我分擔肩頭的重任，讓我有時間打高爾夫、從事園林設計、種樹，以及享受其他一些樂趣。他在教育、醫學研究等方面的調查非常成功，為我們在這些領域所開展的慈善工作做了成功的鋪墊。近十來年間，我的兒子分擔了蓋茨先生的一些工作，最近，斯達·墨菲先生（Starr J. Murphy）也開始協助蓋茨先生。蓋茨先生為我們的事業忙碌大半生，理應開始享受悠閒的生活了。

現在，回到我那些糟糕的投資上來吧：蓋茨先生對所有企業做了詳細而充分的研究。我們的原則是盡一切可能防止我們所投資的公司走向破產，申請破產管理需要付出昂貴的代價，將使企業損失慘重。我們計畫通過提供貸款、改進設備、節省生產成本等方式挽救這些失敗的企業，只要付出時間和耐心，很可能就可以使它們重獲新生。

於是，在一八九三年和一八九四年的困難時期，我們小心謹慎地處理這些破敗企業的事務，並繼續經營了多年；有時候購買其他人的股份，有時候出售自己的股份，但幾乎所有企業都逃脫了破產、申請破產管理、喪失抵押品贖回權的命運。

在這些問題完全解決之前，我們已經擁有了治療商業弊病的豐富經驗。

我現在重述這一話題的目的是為了鼓勵那些暫時失利的商人們，只要謹慎、耐心地付出努力，即使看似已經走投無路，也能絕處逢生，但有兩個必要因素：

首先，資金的投入，自掏腰包或者從他人處籌集；

其次，絕對不要背離商業的自然法則。

2 投資礦場

在這些投資中，有一些礦場的股份以及一條鐵路的股票和債券，鐵路的建造是為了將礦石從礦場運輸到港口。我們對礦場的產量充滿信心，但要將其轉化為利潤，鐵路是必要的輔助條件。

於是，我們開始投資建造鐵路，但在一八九三年的大恐慌中，工業發展幾乎全盤崩潰。雖然我們只是小股東，但在這個蕭條、恐慌的時期，似乎只有我們才能為鐵路帶來生機。為了籌款，我不得不用我的證券抵押貸款，最後我們被迫提供大量現金，而為了籌集這些現金，我們從當時動盪不安的貨幣市場上溢價購買貨幣，緊急輸往西部，支付鐵路工人的薪酬。

當大蕭條的恐慌逐漸消退，事態逐漸明朗起來時，我們開始意識到自己的處境。我們已經投資了數百萬美元，而沒有其他人願意入股。相反地，所有人都急於將自己的股票拋售。我們買到的股票數量驚人——我們無需經過任何爭取便獲得了幾乎全部的股份——而我們支付的是現金。

於是我們發現自己手上有大量的礦場，在有些礦場裡，採一噸礦石只需付給採礦工人幾分錢，但我們仍未解決最主要的問題，那就是礦石的運輸。

為了保護我們的投資，我們必須盡一切可能擴大貿易的規模；而既然已經投入了這麼多資金，我們索性買下了所有我們認為有價值的礦場。鐵路和船舶只是輔助手段。礦場才是關鍵之所在，我們相信再也不可能獲得那麼多的好礦了。

一些大型的鋼鐵製造商並沒有正確判斷這些礦場的價值，這令我感到驚奇。這些擁有無數高產量礦井的礦區在我們投資之前可以以非常低廉的價格購得。投身了這一行業，我們便下定決心通過最先進最高效的開採及運輸工具，將礦石提供給每一個需要的人，而所得的利益我們繼續用來投資更多的礦區。

蓋茨先生成為多家公司的總裁，這些公司擁有礦井以及鐵路，他開始學習並經營礦石開採及運輸的生意。事實證明，他不僅是一位傑出的學者，同時也是智慧的商人。他幾乎包攬了所有的工作，只是偶爾徵詢我的意見；不過我仍記得許多我們化解危機、渡過難關的一些有趣的經歷。

3 造船

鐵路的問題解決之後，我們還需要擁有自己的船舶以滿足礦石運輸的需求。對於造船我們一無所知，所以依照老習慣，我們決定向行業內最權威的人士尋求幫助。這個人我們已經很熟悉，但他本身就是從事礦石運輸的，對於他來說，我們是競爭對手。

蓋茨先生聯係了這位專家，有一天晚飯前，他和蓋茨先生一起來到了我紐約的家。他說他時間很緊張，我告訴他我們十分鐘之內就可以談妥，事實也確實是這樣。這是我唯一一次與礦石公司的人會面。其他所有會議都是蓋茨先生出席的，他似乎十分享受工作的樂趣，而我也放心地將公司的事務託付於他。

我們向這位專家說明我們希望自己運輸蘇必利爾湖沿岸的礦石，並希望他為我們承建最大型最精良的船舶，因為這些船舶一定程度上決定著我們的成敗。當時，最大的船舶載重約五千噸，但一九〇〇年時，我們的船載重達到了七千噸、八千噸，而到了今天萬噸巨輪也已經出現了。

自然而然地，這位專家回復說他自己也是從事礦石運輸的，不希望我們投入相同的行業。我們解釋道，我們已經做了巨額投資，為了保護我們的利益，我們需要運營自己的船舶，實現開採、運輸、銷售的連貫性經營；我們向他尋求幫助，是因為他有能力為我們建造最精良的船舶；儘管他是我們最大的競爭者之一，但我們相信他是誠信、率直的人；並且我們非常渴望能與他合作。

4 聘請競爭對手

這位專家仍然固執地不肯合作，但我們表示我們已下定決心做這一行，如果他肯幫忙，我們將為他提供可觀的酬勞。我們解釋道，有人已經承擔了這個工作，但我們隨時歡迎他的加盟。

最後，他終於被打動了，當時就接受了我們的請求，後來，我們又簽訂了令雙方都滿意的協議。他便是來自克利夫蘭的塞繆爾・馬塞先生（Samuel Mather）。他在我家裡只停留了幾分鐘，在這幾分鐘裡，我們下了三百萬美元的訂單。這是我與他唯一的一次會面。但是馬塞先生享有崇高的商業道德，我們對他百分百信任，雖然他是我們的競爭對手之一，而這一點我們從未嘗試過忽略。

當時，五大湖區大約有九至十家造船廠。每家船廠都是一個獨立的個體，並且相互之間競爭激烈。這些船廠的處境非常艱難；它們仍未從一八九三年的大蕭條中恢復過來，還未能全面投入生產；那時是秋天，許多員工卻感覺到了冬天的嚴寒。在計畫造多少條船時，我們考慮到了這一點，並決定盡可能多地造船，為五大湖區的閒置勞動力提供就業機會。

於是我們請馬塞先生給每家船廠寫信，確定它們可能承建多少艘船舶並在下一年春天投入使用。他瞭解到有些船廠能夠造一艘，有些兩艘，而總數是十二艘。於是我們決定造十二艘輪船，所有船舶都由鋼鐵製造，承載量是當時五大湖區上最大的。這些船具備相同的規模，同時也是礦石的最佳水上運輸工具。

當然，這些船造價都很高。而它們的價格本來應該會更高，如果馬塞先生從一開始便宣佈他將造十二艘船的話。很久以後，我才聽說了他處理這件事情的方法，雖然這個故事現在已成為歷史，但對許多人來說或許還是個新聞呢。馬塞先生對造船的數量諱莫如深。他給每家船廠寄了相同的計畫書和船舶技術參數，並讓船廠依照自身的情況投標一至兩艘船。於是，自然而然地，所有人都認為馬塞先生最多準備造兩艘船，每家船廠都急切地想爭取這一項目，至少爭取到其中一艘船。

到了競標的那天，所有投標人都應馬塞先生之邀來到了克利夫蘭。他們輪流被邀請到馬塞先生的私人辦公室，討論專案的細節問題。大家都期待著謎底的揭曉。馬塞先生之前的態度讓每個人都覺得自己勝券在握，然而每個人從馬塞先生辦公室出來時，臉上都掛著心滿意足的笑容，這讓事態變得撲朔迷離。

最扣人心弦的時刻到了，在場的所有人幾乎同時收到了馬塞先生的便條，恭喜他競標成功。

正當大家激動地展示自己的便條，想對失敗的對手表達同情時，大家發現每個人都拿到了合約，其實自己根本沒有任何競爭者。這個發現給他們帶來的喜悅遠超過無法向其他人炫耀的懊惱，結果是皆大歡喜。

值得一提的是，由於企業合併，所有這些友好的紳士後來都成為同事，而合併之後，我們購買船舶的價格就更加統一了。

5 從未出過海的船務經理

隨著這些船舶的投產建造，我們正式開始與礦石業的博弈。但是我們意識到必須首先解決船舶運營的問題，於是我們再次向我們的競爭對手馬塞先生求助，希望他能助我們一臂之力。

然而，由於其他重任在身，他無法允諾。

有一天，我問蓋茨先生：

「這些船我們怎麼管理？你知道什麼資深的公司嗎？」

「不知道。」蓋茨先生說，「我不瞭解這方面的公司，不過我們怎麼不嘗試一下自己管理？」

「你並不瞭解船舶運營的事情，不是嗎？」

「確實是，」他答道，「不過我認識一個可以勝任這項工作的人，雖然我擔心你會對他感到不滿意。但是，他具有最重要的特質。他從未在船上呆過，對航海並不熟悉，但是他聰明、誠實、上進、熱情、節儉，學東西上手很快，即使是從未接觸過並且具有一定難度的事情。這些船還有幾個月才能完工，如果我們現在就聘請他，等船建好的時候，他也已經遊刃有餘了。」

「好，」我說，「我們就請他。」

他便是鮑爾斯先生（L. M. Bowers），來自紐約布魯姆。鮑爾斯先生對五大湖區的每一個船廠進行了實地考察，並進行了仔細的研究。很快他便對船舶的建造提出了寶貴意見。他從這些船首次揚帆開始便全面負責船舶的管理，他的技術和能力獲得了所有海員的贊賞。他甚至發明了一種錨固裝置，先是在我們自己的艦隊中使用，後來被其他船舶採用，現在我聽說美國海軍也在使用這種裝置了。在我們售出這一部分業務之前，他一直負責船舶的管理工作。

在這之後，我又讓鮑爾斯先生承擔了其他許多艱難的任務，每次他都表現出

色。後來，由於家人身體欠佳，他搬到了科羅拉多常住，而今，他已是科羅拉多州能源及鋼鐵公司（Colorado Fueland Iron Company）的副總裁。

大型船舶和鐵路讓我們擁有了最有利的資源。最開始時，公司的運營非常成功。我們大規模地開展貿易，開採礦石，將產品源源不斷地輸往克利夫蘭以及其他港口。我們的艦隊不斷地壯大發展，最後共擁有了五十六艘大型船舶。和其他許多我所感興趣的生意一樣，這家公司並沒有花費我很多精力，因為我幸運地擁有這麼多積極、活躍、能幹、可信的助手，為我承擔了這麼多的責任。這些優秀的商人從未令我失望。

6 出售礦廠

我們在礦石業的發展欣欣向榮，直到美國鋼鐵公司（United States Steel Corporation）成立。美國鋼鐵公司的一位代表約我們見面，表達了向我們購買土地、礦區，以及艦隊的意願。

我們的生意進行得很順利，沒有必要在這個時候出手。然而這家公司認為我們的礦井、鐵路和船舶是他們戰略規劃的一部分，於是我們表示願意促成這一偉大事業的成功。我覺得，當時他們已經說服了安德魯・卡內基（Mr. Carnegie）出售他的產業。

經過多次談判，我們接受了他們的出價，而我們的礦井、船舶和鐵路全部歸於

美國鋼鐵公司名下。考慮到這些產業目前的價值以及增值的空間，我認為我們所接受的價格相當保守。

　　這場交易讓美國鋼鐵公司多年來連連盈利。因為出售這些產業的收入大部分用以購買美國鋼鐵公司的股票，所以我們也從公司的發展中分得一杯羹。就這樣，在七年的奮鬥之後，我徹底地離開了礦石開採、運輸、貿易的行業。

7 遵從商業法則

回首從事礦石業的經歷，我更加深刻地體會到我經常提及的一個原則。如果有年輕人耐心地將我的回憶錄讀到這裡，我會感到心滿意足，同時我也希望他可以從我的經歷中受益。

在商場上，獲得成功最基本的要素便是遵從商業法則。找到正確的方向，堅持合乎常理的運營模式。不要受眼前的利益誘惑，也不要妄想一夜暴富。不要在只能帶來小小的勝利的事情上浪費時間，除非你滿足於一點點的成功。在投入一項事業之前，先確定你能夠清楚地看到這條路通往成功。要有遠見。很多智慧的商人在賭上全部身家之前，對將投身的行業卻往往並沒有任何預見，這頗為令人驚歎。

仔細研究你的資金需求，堅強地面對潛在的風險，因為挫折是無法避免的。任何時候都不要自欺欺人。只是抱著賺錢的念頭的人不會獲得成功；你需要擁有更大的野心。偉大的商業領袖曾一次次地告誡我們，只有誠信經營，才能獲得永久的成功，才能使人獲得自信，而這也是我們所珍視並為之奮鬥的真正的資本。如果你圓滿地完成每天的任務，忠誠地遵從我所提及的這些商業的基本法則，同時保持清醒的頭腦，你便能獲得成功，而你或許也會原諒我這番老套的說教。

能夠讀這本書的年輕人，想必也不需要我再贅述「勝不驕，敗不餒」的這個大道理了。

8 大蕭條的經歷

十九世紀九十年代初期，我本來計畫退休。我從很小就開始工作，在五十歲的時候，我認為應該讓自己從商業事務中解脫出來，享受生活中其他的樂趣，而不是一味地賺錢。然而一八九一年和一八九二年形勢很差。一八九三年，風暴來臨了，正如我前面所提到的，我有很多失敗的投資需要處理。這一年和接下來的一年，每個人都舉步維艱。在這個時候沒有人可以安心地退休。

在大蕭條的這些年裡，標準石油仍然得以在正常的軌道上運行，由於奉行保守的財務管理，我們擁有大量的現金儲備。一八九四年至一八九五年，我終於能夠從公司的管理事務中脫身。從那時起，我幾乎再也沒有參與公司的具體運營了。

我清楚地記得一八五七年以來所有的大蕭條時期，但我認為一九〇七年是最艱難的一次。所有企業無論大小都未能倖免於難。人們深陷在混亂與恐慌中。我以及其他商人都必須感謝約翰・摩根先生（Mr. Morgan）真誠而有力的幫助。他的權威地位毋庸置疑。他雷厲風行、做事果斷，他的行動力和決策力讓人們重拾信心。

在他的帶領下，國內許多有能力和實力的金融家也紛紛團結起來，重建國家的信心，恢復往日的繁榮。

有人曾問我：我們是否能快速地從一九〇七年10月的大蕭條中恢復過來。

我拒絕討論這個問題，因為我不是預言家，也不是預言家的兒子；但是，正如最終的結果所顯示的，我們當然會迅速恢復過來。這一暫時的挫折將使日後的經營更加謹慎和保守，而這正是我們所需要的。

大蕭條不會長期消磨我們的積極性。這個國家的資源也沒有因為金融風暴而遭受損失。從蕭條中恢復過來，我們將擁有更穩定的未來，而在商業上，和在其他事情上一樣，耐心是一種美德。

這裡我想再次提醒一下我們的生意人，認清自己的狀況，面對現實。如果在管理方法上有失偏頗，應當及時改正。自然法則不可違背，忽略自然法則的存在是愚蠢的行為。對於美國這樣一個思維跳躍、想像力豐富的國家來說，毫不背離平淡、生硬的現實條件並非易事，但我們仍必須堅守商業的自然法則，自尊自強，才能在世界市場中屹立不倒。

〔番外篇〕

人生要學會從災難中尋找生機

美國的《幸福》雜誌一篇評論當代公司領袖必備的條件的文章中指出：「那些畏懼矛盾，不敢有長遠規劃的企業家最終將退出舞臺，因為人們渴望追隨的是那些具有遠見卓識的公司領袖。」在工作中，我們也需要學習狼運用忠誠的謀略智慧。

聖誕節是歐美的傳統大節日，也是與家人團聚的重要日子，而就在節日來臨的前夕，小約翰卻忙著向一位客戶勸說，要對方在放假前簽訂一筆大合約。

洛克菲勒得知後，便想到了自己經商時的場景，想到了誠實在生意場上的重要性。於是，洛克菲勒便找來小約翰，開口說道：「我們要堅守誠實做人做事的原則，尤其是在企業經營中，如果不能堅守這份節操，就相當於自己的公司存在盜竊行為，而作為公司的一把手，自己主動做降低身份的事情，豈不是鼓勵其他員工一起做壞事，利用各種卑劣的行為，獲取不光彩的勝利？」

經過一番說教之後，小約翰很愉快地接受了洛克菲勒的教育和建議，他也徹底明白了無論一個人怎麼做，無論如何相信基督對他的照顧，但是不擇手段獲得的不義之財也不能使他心安，更不知道哪天會有警察前來敲響房門。

就在不久前，洛克菲勒的一位老朋友還問洛克菲勒，在商界生存最重要的一點是什麼？當時洛克菲勒毫不猶豫地回答道：「誠信！」因為有著誠實性格的人就是有道德且品質高尚的人，他們在日常生活中的正直和坦率足以使人放心，所以，在商界具備這樣的品質是一個企業長期成功的保障。

當然，現實中不可能全部都是這樣品德高尚的人，其中沽名釣譽者常常混雜於其中，這些人為人不正，通常將財富看得比名譽還重要。洛克菲勒堅定地認為，這些人是不會在商界長期混跡的，因為上帝也不會寬容他們的行為。

長期以來，洛克菲勒也經受著世人對他財富的拷問，巨大的財富使大家懷疑這些金錢是否乾淨，在托拉斯事件時，多次法庭審訊便是洛克菲勒無法逃避的陰影。

誠實和慈善是母親教導洛克菲勒的該有的品德，而洛克菲勒始終堅持著這些品德做生意，用他自己的話說，與其說洛克菲勒身上有不道德的經商行為，倒不如說他反映了那個時代人們奮鬥成功的特徵。

有時候，洛克菲勒的成功時常會被人認為是憑運氣得來的！

有一天，洛克菲勒在郊外散步的時候看到了一塊地皮，他環顧四周，看了半天，然後便決定要買下這塊地皮。於是，他找到了地皮的主人，並表明了自己想要購買該地皮的意思。

地皮的主人顯得很吃驚，要知道這個位置不是什麼黃金地段，甚至可以說比較偏僻，而且洛克菲勒還給出了十萬美元的高價，所以，當洛克菲勒說出這一要求時，他甚至不敢相信自己的耳朵：世界上竟然還有這麼傻的人，花這麼高的價格購買這樣一塊偏僻的地皮。

洛克菲勒這一大膽的決定也受到了朋友的質疑，大家都勸他考慮清楚，慎重行事。不過洛克菲勒顯然是成竹在胸的，他很自信地說道：「你們都放心吧，我有信心，購買這塊地皮肯定不是虧本的生意。」

時間很快，一年過去了。令那個地皮主人和洛克菲勒的朋友們想不到的是，政府宣布要在郊外建設環城公路，而洛克菲勒的地皮正好位於其中，這樣一來，這塊地皮硬是升值一百五十倍。

建設環城路的消息還使一些想在道路周圍建造別墅的商人著急購買土地。有一位城裡的富豪找到洛克菲勒，說自己願意花二千萬美元買下這塊地皮。不過，洛克菲勒卻笑著拒絕了，他說：「抱歉，先生。我認為這塊土地的升值空間還會更大，所以我現在還沒有意願要將這塊地出售出去呢。」

洛克菲勒沒有見好就收，這種放長線釣大魚的投資方式也讓部分朋友為他擔心，不過洛克菲勒似乎有著十足的把握。果不其然，三年後，洛克菲勒將這塊地皮售出去了，而售價則高達二千五百萬美元，比購買時多掙了二千四百九十萬美元！

大家無一不對洛克菲勒的這筆生意感到驚訝和不解，有人甚至　疑洛克菲勒在政府有認識的人員為他是供內幕消息，可事實上，洛克菲勒是一個極不關心政治的人。

在別人看來，運氣在洛克菲勒的這次交易中起了極大的作用，可按照洛克菲勒自己的說法，那就是大膽和自信共同作用的結果。通過了仔細的觀察與判斷，才得出的結果，並大膽為之行動，這就是成功的秘訣了。

洛克菲勒曾經說過：「積極行動是我身上的另一個標識，我從不喜歡紙上談兵。因為我知道，沒有行動就沒有結果，世界上沒有哪一件東西不是由一個個想法付諸實施所得來的。人只要活著，就必須考慮行動。如果你不採取行動的話，就算是最美麗、最實用的哲學，也是無用的。」

石油行業剛興起時，利潤高、成本低，這也引起了很多人的注意。一些其他行業的人紛紛下海，想要從中分得一杯羹。大量人力的投入，並沒有促進石油產業的發展，反而造成了石油產業衰退的狀況。

競爭激烈，石油價格急劇下降，幾乎毫無利潤可言，這對於石油商來說，可謂是天大的災難。在當時，大部分的煉油廠都出現了虧損的狀況。更加嚴重的是，這種情況並沒有嚇退那些瘋狂的開採者，他們還在不停地開採著，整個石油產業陷入了巨大的危機中。

對於這種情況，洛克菲勒也是極其擔憂的。他擔心，如果再這麼發展下去，他這麼多年的付出可能就要毀於一旦了。不過，他也明白，此時並不是唉聲嘆氣的時候，他不能坐以待斃，他要行動，要在災難中尋找生機。

他沒日沒夜地研究著當前的形勢，他想要從中找到一個妥善的解決辦法。後來，他便想到了一個將競爭轉為合作的辦法。他知道，之所以會出現這種狀況，主要是因為石油業的迅速發展，引來了帶有毀滅性的競爭。要想阻斷這種惡性競爭，就必須將它馴服，讓它按照自己的構想行走。

所以，他決定收購那些生產過剩、秩序混亂的煉油廠。為了籌得足夠的資金，洛克菲勒主張建立股份公司。這樣一來，他們可以對外銷售股票，得到資金上的支持，並且還不會影響對原先公司的控制。

最初，洛克菲勒的這項計劃遭到了很多人的反對和嘲諷，認為他會徒勞無功。有一位資深的企業家曾經告訴他：「你的計劃要麼會取得巨大成功，要麼會得到巨大的失敗。」

可是，不管外界的聲音如何，都無法打擊洛克菲勒的自信心。他要行動了。他和安德魯斯的合夥公司撤銷了，重新成立了一家股份公司，並取名為標準石油公司，並成功收購了幾十家煉油廠。

漸漸地，石油市場上的價格穩定下來了，而洛克菲勒的計劃也算是取得了巨大的成功。穩定了市場價格，維持了市場秩序。（林郁）

·第 6 章·

把財富帶進墳墓是可恥的

贈予的快樂、對他人承擔責任，這些話題很容易便可以發揮為長篇大論，堆砌成為世代沿用的陳腔濫調。

我並沒有奢望為這個話題增加什麼新的亮點，這一點連許多天才作家都無法做到。但是我承認，比起談論商業和貿易，我對這個話題的興趣要濃厚得多。對於企業而言，慈善活動確實可以帶來商業效應，但其背後，源於內心的贈予的精神，才是真正的價值所在。

當今時代，我們已經可以要求國家中的精英為社會公益事業貢獻更多的時間、智慧和金錢。

我不會冒昧地定義這些慈善工作應該包含什麼內容。每個人做慈善都是為自己而做，也應該自己選擇怎麼做。我認為慈善活動沒有優劣之分，也沒有內容和形式的限制。

認為擁有了財富便擁有了幸福是一種錯誤的看法。富有的人和其他人並沒有什麼不同；他們從金錢中得到的快樂源於他們有能力為他人帶來快樂。

1 富人的局限

有些人花錢的方式讓我覺得索然無趣，他們的財富只用來換取物質上的享受。這種能夠購買所有自己想要的東西的滿足感很快便會消失，因為人生真正的價值是錢買不來的。

這些在報紙上風光無限的富人，不會因生活的奢華而擁有超於常人的能力。縱使有福享受山珍海味，他們也買不來好胃口；縱使衣著光鮮、珠光寶氣，也有可能會遭受公眾的嘲弄；縱使擁有優越的生活環境，他們的痛苦也不會因為富有而比其他人少。

在與各種各樣的富人接觸的過程中，我得出一個結論，只有一種方法可以使他們的財富實現真正的價值，那就是投身公益，造福社會。

商人通常會認為他已經為社會貢獻了一部分力量。他建立的產業為一些人或者許多人提供了穩定的工作；他為員工創造優越的工作環境，新的機遇，以及強大的工作動力。只有將員工的福利銘記於心，並為之付諸行動，才能得到人們的尊敬。認為只要按時發薪便是好企業，是一種狹隘和局限的想法。

2 慈善的意義

慈善意味著造福人類，散播文明的種子，傳遞健康、正義與幸福的福音，它已經超越了一般意義上的公益活動。在我認為，慈善指的是時間、精力、財富的投入，為員工提供豐厚的報酬，拓展和發展現有的資源，為員工創造健康的工作環境以及職業提升的機會。這種持久性的利益是單純的發薪水無法比及的。

我經常想，如果這種論斷成立的話，慈善事業的領域將是多少遼闊！有人會認為日常的工作是一回事，慈善事業是另外一回事。我不贊同這種觀點。一個在星期天才有空發發善心的人很難為慈善事業做出什麼貢獻。

往往這些繁忙的人物才能提供最有力的幫助。我認識一些人，他們熱心於慈善事業，不是視其為暫時的任務，而是當成長期的責任。他們接手風雨飄搖的企業，帶領這些企業走向成功。

他們面臨著巨大的風險以及外界的懷疑，但仍不捨不棄，而這並不僅僅是為了個人的利益，而是源於最更崇高的造福社會的精神動力。

3 無私的奉獻是成功的起點

對於初涉社會的年輕人，我有以下的建議。如果你擁有遠大的目標，渴望建立一番事業的話，無論你是受雇於某家公司或是自主創業，都不要妄想通過坑蒙拐騙的手段獲得成功。

在選擇自己的職業或雇主時，先想一想：我最適合的位置在哪裡？在哪裡可以為世界做出最大的貢獻？在哪裡可以為社會創造最大的利益？抱著這樣的精神選擇自己的職業，那麼你在成功的道路上已經邁出了重要的一步。

據調查，在我們的國家裡，在其他國家亦然，擁有最多的財富的人，往往是那些胸懷祖國的未來，盡最大的努力開發國家的資源，建立偉大而意義深遠的經濟事業的人。為社會做出最大貢獻的人將登上成功之巔。為公眾所需要的商業企業將興旺發達，而公眾不需要的商業企業必定失敗。

另一方面，生意人最忌諱的便是重複投資，將時間、精力和資金浪費在毫無意義的競爭上。

如果已經有這樣一家工廠，足以滿足公眾的消費需求，並且價格低廉，這時候再在當地建一家同樣的工廠，便是一種資源的浪費，這種行為阻礙了國家的發展，奪走了勞動者的生計，並造成了一系列的社會問題。

或許，美國人民的進步和幸福生活的最大障礙便是如此多的重複投資，人們將時間和資本花費在建設相互競爭的企業上，而不是開發新的領域，投資社會所需要的行業。

尋找、經營，或是創造新的行業需要我們的創新理念，這種方式遠勝於固步自封，不要一味效仿前人的成功之路；而我們的國家正在迅速地發展著，機遇無處不在。如果僅僅自私地想從社會中獲利，而完全不顧及人類的進步和幸福，也是註定要失敗的。遺憾的是，他們的失敗將禍及一批無辜的人，使他們喪失生計來源。

4 服務社會的慷慨

窮人或許是世界上最慷慨的人，他們生活窘迫，卻在危難時刻相互承受重擔。在租賃的房子的母親生病了，住在隔壁的房客幫她照看小孩。父親失業了，鄰居將自己有限的食物分給他的小孩。我們經常聽到窮人的孤兒被朋友收留並撫養成人，而這種義舉對他們窮困的生活來說簡直是雪上加霜！生活資源如此匱乏的人尚且如此，富有的人更應該慷慨解囊，出錢出力。

猶太人自古便有將十分之一的財產捐獻出來的戒律，但這種贈予的尺度只是一個模糊的標準。

捐獻十分之一的財產對有些人來說幾乎是不可能完成的任務，而對有些人來說卻輕而易舉。

最重要的是贈予的精神，而那些貧窮的人往往會不自覺地向他人伸出援手。恐怕我又在重複一些陳詞濫調了。

我在孩提時候所受的教育十分刻板，但我非常尊崇當時我們必須遵守的一個規定，那就是定期捐贈自己掙得的錢。這種做法讓小孩子從小便意識到自己對他人的責任，但我必須承認，現在想培養小孩子的這種意識越來越難了；因為許多當時的奢侈品在今天已經變得稀鬆平常。

捐贈的樂趣與滿足遠遠超過賺錢的過程，在我的一生中，我一直希望可以通過捐贈，讓我的財富發揮最大的價值，造福我們的社會以及子孫後代。

捐錢和捐力是不同的。在窮人遭遇不幸的時候，捐贈者除了捐錢之外，還可以通過了解他們的狀況，幫助他們改善和解決內在的問題，從而使他的援助更有價值。不用受生活所迫，捐贈者更有條件以更科學的視角說明他們分析和解決問題。通過出「力」，他所捐贈的錢將發揮出更大的效用。

醫院在許多崇高而無私的管理者的經營下，為公眾帶來健康的福音；醫學研究

者的工作同樣至關重要，他們揭示病痛的根源，研究出療法，使無數人擺脫病痛的折磨。

老弱病殘總是可以激發人們的善心，但是揭示病源尋找療法的醫學工作者卻往往難以得到資金上的贊助。第一類人很容易使人動情，而第二類人卻需要煞費苦心才能打動別人，換來資金援助。

但我感覺到我們在科學研究資助方面正在逐漸進步。人們在這方面的意識越來越強，在世界各地，這些偉大的研究者正在獲得越來越多的幫助。他們為科學研究揮灑著青春與熱血。例如，有些人以自己的生命為代價，投身黃熱病的研究，他們所做出的貢獻將造福子孫萬代；而正是這種犧牲精神，使我們的醫療和外科事業蓬勃發展。

5　捐資進行科學研究

這種犧牲可以延伸至什麼高度？每年，眾多的科學工作者奮不顧身地投身研究，揭示科學的真相，為人類的認知史增添新的記錄。有時我會想，那些肆無忌憚地譴責他們的活動的人從來沒有認真考慮過自己的言行。事不關己的站在一邊說風涼話是一回事，投身艱苦的工作獲得權威的地位又是另外一回事。

就我自己而言，我從來都只是一個旁觀者，我認為自己沒有權利對那些在科學研究上比我高明不知多少倍的人指指點點。

很多人譴責科學家們用動物做實驗。這些動物捍衛者的言辭極其煽情，足以使人們完全忽略這一爭議的另一面。紐約洛克菲勒醫學院的院長西蒙・費勒克納爾博

士（Simon Flexner）不得不面對辛辣的批評以及扭曲事實的新聞報導。

最近，在費勒克納爾博士的帶領下，醫學院成功地研製出腦脊髓膜炎的療法。為了發現這一療法，確實犧牲了大約十五隻動物的生命，其中大部分是猴子，但是每一隻犧牲的動物將拯救無數人類的生命。大愛如費勒克納爾博士以及他的同事的人是不會讓無辜的動物白白犧牲的，並會盡力減輕它們的痛苦。

我曾聽說他們拯救一位兒童的故事，是同事寫信時告訴我的；在這裡我將引述他的原文。亞力克西斯．卡雷爾博士（Alexis Carrel）是費勒克納爾博士的同事，鍥而不捨的試驗和豐富的臨床經驗造就了他精湛的醫術。

一次出色的外科手術醫學院的同事亞歷克西斯・卡雷爾博士一直在進行一些有趣的實驗外科項目，並且已經成功地完成了動物器官和血管的移植。最近，他將這種技術運用到人體身上，成功地拯救了一位嬰兒的性命，這次手術震驚了整個紐約醫學界。

紐約一位年輕的外科醫生去年三月早產了一位嬰兒，嬰兒患有先天性疾病，血液會滲出血管，流入身體的組織。一般情況下，這位嬰兒將死於內出血。嬰兒出生五天後，已經開始失去生命跡象。嬰兒的父親和父親的兄弟——這個領域最傑出的專家之一，以及其他一兩位醫生共同進行會診，但都毫無頭緒。

恰好這位父親對卡雷爾博士的研究工作印象深刻，並且曾與他共事過。他突然想到或許可以通過直接輸血的方法挽救他小孩的生命。然而這種手術只在成人身上進行過，嬰兒的血管太纖細，幾乎不可能進行這種手術。在這種手術中，兩個人的血管必須連接在一起，血管的內膜必須完全粘合。如果血液與血管的肌層接觸，將會凝結成塊，阻塞輸血的通道。

幸運的是，卡雷爾博士曾在一些年幼的動物身體上做過類似的實驗。這位父親相信，如果有人可以成功地進行這個手術，那麼這個人一定是卡雷爾博士。

當時已是午夜時分。這位父親向卡雷爾博士解釋，孩子已經是保不住了，請他做最後的努力。

卡雷爾博士即刻答應動手術，雖然成功的幾率微乎其微。

父親充當提供血液的人。兩個人都不能用麻醉藥。這麼小的孩子血管太小，只有一條血管可以用。血管在腿後，並且很深。在場的一位外科醫生找到了血管。後

來，他說孩子當時已經沒有生命跡象，無論從哪點看，都已經夭折至少十分鐘了。看到這種情景，他提出是否還有必要動手術。然而父親堅持必須繼續進行，於是外科醫生將父親手腕上的橈動脈與嬰兒的血管建立連接。

後來，這個外科醫生將這部分手術稱為「鐵匠活」。他說嬰兒的血管只有火柴般大小，而又脆弱得像溼了的香煙紙。然而，卡雷爾博士完成了這項偉大的工程。在場的醫生無不讚歎這是外科史上的奇蹟。來自父親動脈的血液流淌入嬰兒的身體，大約有一品脫。第一絲生命跡象出現了，嬰兒的耳朵上出現了一抹粉紅，接著，原來藍色的嘴唇也開始出現血色，突然，嬰兒像是受了芥末刺激一樣，身體開始發紅，並且開始大聲啼哭。大約八分鐘後，手術完成了。這個時候嬰兒已經哭著要東西吃了。吃飽之後，它進入正常的睡眠，並且慢慢康復。

後來，這位父親參加了奧爾巴尼的立法委員會會議，反對上次會議中懸而未決的限制動物實驗的法案。他講述了這個故事，並說，在看到卡雷爾博士的實驗時，他並沒有想到這些實驗這麼快便可以拯救人類的生命；更加沒有想到的是將拯救他的小孩的生命。

6 最重要的助人方式

如果每個人都能夠學會自助，我們便根除了許多罪惡的源頭。助人自助是最重要的助人方式，重談這個話題並非毫無意義，因為雖然這是經常談論的道理，很多人卻熟視無睹。

真正使人受益的事情是我們自己為自己所做的事情。平白無故獲得的財富通常不是福而是禍。

這是我們反對投機的主要原因——不是因為從事投機活動往往輸多於贏，雖然事實確實是這樣——而是因為在投機中獲利的人，從他們的成功中獲得的傷害通常更多。在金錢或者其他物質的贈予方面，道理也一樣。獲得越多，或許遭遇的挫折

也將越多。只有在一種情況下，接受贈予的人才能真正受益。我們只有幫助他們自助，才能使他們獲得永久的庇護。

研究病原的專家告訴我們，各種跡象顯示，人體自身擁有戰勝病魔的抗體，只有這些抗體低於正常水準的時候，病毒才有機會肆虐。所以，抵禦病魔的方法便是提高身體的免疫力；而當病毒肆虐時，與之抗衡的方法就是增強體內的抗體。同樣的，人的失敗往往源於自身的不足，即身體、精神、性格、意志力，或性情方面的缺陷。因此，避免再次失敗的唯一方法便是完善自身，尋找失敗的原因並加以克服。只有自身的努力才能讓我們真正受益。

每個人都希望幸運降臨在自己頭上。在利益的驅使下，有些人幾乎完全喪失了人性，如果這些人成功了，我們的整個文明將被拖入無底的泥沼中。我一直相信，人格的差異直接影響經濟地位的差異。只有更廣泛地傳播美好的品質，幫助他人建立完善的人格，才能更廣泛地擴散財富。正常的情況下，一個擁有健康的身體、敏銳的思想、良好的性情的人必定能成功。

然而這些特質只有通過自身的努力才能獲得，而別人能為他做的，正如我所說，只能是助他自助。

我們必須不斷地提醒自己，用於幫助人類進步的資金是有限的。所以，所有支出必須用在刀刃上，爭取發揮最大的價值！

我曾坦誠地表示過，在生意場上，本著資源優化的原則，我贊同企業以恰當和公平的方式合併與合作；資源的浪費意味著實力的削弱。我真誠地希望並完全地相信這一生意場上的原則同樣適用于慈善事業。合併與合作並不僅僅是企業發展的趨勢，同時對致力於為更多人創造福利的人來說，也是一種有效的方式。

7 一些基本原則

儘管冒著讓這一章變得十分無趣的風險，儘管已經有人告誡過我連最拙劣的作家都會避免這種寫法，我仍然決定在這裡記錄下一些基本原則，它們是我所有人生及事業計畫的根基。這些年裡，所有重要的工作都是在這些大原則的指導下進行的，而如果沒有這些清晰而連貫的日標，我的慈善工作也不會取得任何建設性的發展。

其中，我認為制定有條理性的計畫是至關重要的。

大約一八九〇年的時候，我所從事的慈善活動仍是毫無條理的。在不斷擴大的慈善事業的領域裡，我一路跌跌撞撞，沒有確定的指導原則，也沒有明確的目標和方向。我逐漸意識到需要建立一個處理這些事務的部門，就像我們生意上的業務部門一樣。下面，我將講述我們當時制定的一些基本原則，這些原則我們至今仍繼續遵從，並且希望可以發揚光大。

在書中大肆談論這樣一個私人問題並不是什麼得體的事情——我也意識到了這一點——但說這些話我並不會覺得無地自容，因為大部分工作和想法都是由我的家人和同事完成的，他們中的許多人為之奮鬥終生。

每個正常的人都有一套生活哲學，不管他自己是否意識到。他的思想深處總是隱藏著一些指導原則，指引著他的生活。當然，最終極的目標應該是為人類進步貢獻自己的一份力量，無論這種力量多麼綿薄，不管是通過金錢還是服務的形式。

人的理想應該是利用自身的資源，推進文明的發展，不管是通過投資還是通過善行。然而問題在於，文明是什麼，文明發展的定律是什麼。這也是我們一直以來研究的課題。如果你走進我們的辦公室，問我們的慈善委員會或者投資委員會文明是什麼，他們一定會說，通過研究，他們發現文明是由以下幾個要素構成的：

第一，生活條件的進步，也就是說，食物、穿衣、住房、衛生、健康方面的改

善，商業、製造業的發展，以及公共財富的增加，等等；

第二，政府和法律的進步，也就是說，法律賦予每個人公正和平等的權利，捍衛最大程度的個人自由；

第三，文學和語言的進步；

第四，科學和哲學的進步；

第五，藝術和品位的進步；

第六，道德和宗教的進步。

如果你問他們，實際上他們也經常被問及這個問題，這些因素中最基本的是哪一個，他們一定會回答，這是一個學術問題，每個因素都是相輔相成的，但是，在歷史上，第一個因素——也就是生活條件的進步——總而言之，先於政府、文學、知識、品位、宗教的進步而存在。

雖然不是最重要的因素，但它是整個文明的根基，失去這一條件，文明也將不復存在。於是，我們也一直致力於改善人們的生活條件，我們做了各種投資，力求降低人們的生活成本，為他們創造更舒適的生活環境。

我們並沒有希望因為這些投資而得到好評，我們也並不認為我們做出了犧牲。這些領域本身就為我們帶來了最大最保險的回報。在生活成本、生活資源的獲取、生活必需品的普及方面，我們的國家遠遠超過其他國家，雖然在其他許多方面我們可能還未追趕上他們的步伐。

或許會有人問：既然這些福利應該為公眾所共同享有，為什麼財富還是彙聚在一小部分人手中？我的理解是，雖然這些人擁有大量的財富，但是他們不會也不能將這些財富占為己有。

他們確實擁有大批產業，並控制著投資權，但他們與這些產業的關係僅此而已。通過投資，他們的財富不斷地流通，並發放為工人的週薪。

到目前為止，個人所有仍是最佳的資金管理方法。我們可以把錢存入國庫或者各個州的財政部，但是根據以往的經驗，沒有任何法律可以保證這些資金將得到比現行方法更有效的管理，也沒有任何方案可以確保它們將得到更合理的支配，用以為大眾創造更多的利益。所以，富有的人有義務擁有自己的產業，管理自己的資金，直到比他們更有能力管理國家資金的人，或者一群人出現。

關於後面的四個因素，即政府和法律的進步、語言和文學的進步、科學和哲學的進步、藝術和品位的進步，我們認為高等教育可以促進這些因素的發展，於是我們在國內外投資了各種形式的教育基金——而我們所推崇的教育不僅關注於傳播現有的知識，而且鼓勵創新的研究。

一所學校所能傳播的知識是有限的，而且只能影響一部分人。然而每一個新發現，每一項科學研究的成果，都將為所有學術機構共用，並且能夠迅速地惠及全人類。

我們的委員會正不斷拓展慈善事業的新領域。我們並不滿足於僅僅資助那些向我們尋求援助的專案。我們認為，除這些項目之外，或許還有許多需要我們資助的更有意義的項目，只是我們不知道而已。所以，我們這個小小的委員會不會懶惰地只是資助那些上門募捐的機構，而忽略掉其他。我們做了充分的研究，在我們認為最能促進人類進步的領域貢獻我們的力量。

如果當時還沒有擔任這些職能的機構存在，我們會負責創建。目前，我們仍致力於擴展新的領域，而這一事業需要大量人才的加入以及更充分的研究。

這些所謂的慈善工作是我樂趣的源泉，同時也為我的生活帶來深遠的影響。

在這裡談論這個話題，是因為我希望能再次強調生活中對我們至關重要的事情：和孩子們保持親密的關係，和他們談心——孩子們將受到潛移默化的教育，並學會承擔家庭責任。父親是這樣教我的，所以我也嘗試著這樣教我的小孩。多年來，我們經常一起查收信件，這些信件影響著我們的善舉，我們一起研究一些有價值的資助請求，也一起學習我們共同感興趣的慈善事業的歷史以及來自慈善機構的報告。

〔番外篇〕

金錢並不可怕，可怕的是你的態度

洛克菲勒成功之後，他的巨額財富給他帶來了很多的罵名。人們冠以他「偽君子」「吸血鬼」的稱謂，這讓小約翰異常地痛苦。在小約翰看來，他的父親之所以遭受這麼多的謾罵，就是因為金錢的緣故。

這也讓小約翰從心底對金錢有一種排斥感。對於小約翰的想法，洛克菲勒是知道的。他必須要扭轉小約翰的這種觀念，不能讓這樣的思想影響了兒子的發展。

洛克菲勒找到小約翰說：「約翰，其實我經常會把人們的這種謾罵聲當成對我的頌揚，我很享受，雖然這份頌揚並不怎麼美妙。」

看著兒子疑惑的神情，落克菲勒再次說道：「約翰，我生命的重心就是我自己，我明白什麼樣的生活方式適合我，所以不管他們罵得有多激烈，我都不會在意。因為在那些人眼中，即便我做了那麼多的慈善，他們也會認為我是一個十惡不赦的人。甚至還有人將我的慈善看成是贖罪，這真是一個滑稽的罪名。」

小約翰看著洛克菲勒，問道：「可是……父親，他們又為什麼會那麼說呢？」

洛克菲勒說道：「兒子，不管他們如何說，我一定要讓你知道，你的父親不管在什麼時候都不會讓你蒙羞的。我向你保證，放在我口袋裡的每一分錢都是乾乾淨淨的。我相信上帝是獎罰分明的，也相信我的這些財富都是上帝賜予的，對於這些，我問心無愧。」

隨後，洛克菲勒又給小約翰說了一些自己年輕時創業的故事。又說道：「雖然現在我的做法被很多人誤解，但是我相信，時間久了，我的做法肯定會得到大家的尊重的。要知道，金錢是可以提升一個人的尊嚴的。」

對待金錢和財富，洛克菲勒這樣認為：「我不能說，財富的多少可以用來當作衡量人生成功與否的標準，但幾乎毫無例外的是，你可以利用財富的多少來衡量一個人對社會所做的貢獻。你的收入越多，你的貢獻也越大。一想到我已經使無數

國民永遠走向了富裕之路，我便感到自己擁有了偉大的人生。取之於民，用之於民，才是該有的行事之道。」

獲勝、成為第一始終是洛克菲勒的追求目標，不管做什麼事，從事什麼行業。在石油業，他用強大的石油帝國贏來了「石油大王」的稱號，退休後忙於慈善事業的洛克菲勒竟然也想在慈善領域構建一個壟斷組織，使自己成為慈善的代名詞。

洛克菲勒家族一個籌備了兩年的新計劃正要實現，在醞釀期內，年少的約翰和忠誠的蓋茨成了這項計劃的重要發起人和實施推動者。終於，在一九〇三年，普通教育委員會正式宣告成立，顧名思義，這個委員會主要以幫助教育落後地區提高其教育水平為主要任務。

長期在慈善事業工作的蓋茨顯然有著和常人不一樣睿智的見識，他對洛克菲勒說：「洛克菲勒先生，我有這樣一個建議，那就是把在商界競爭中的一些規則用在慈善事業中，您看可以嗎？」

洛克菲勒聽完有些吃驚：「蓋茨，你具體是指哪些方面？」

蓋茨興奮地說道：「競爭和壟斷，我們也可以在慈善事業實現洛克菲勒家族的壟斷啊。」

這一個提議使洛克菲勒產生了濃厚的興趣，也是因為蓋茨的這一建議很符合洛克菲勒一貫的行事作風，要做就做第一，沒錯！洛克菲勒幾乎毫不猶豫地應允了這件事。為此，洛克菲勒還親自給那個鐵匠（指：鋼鐵大王）卡內基寫信，希望他能加入到這項事業中來，請他來擔任普通教育委員會的委託管理人。

除了請有實力的資本家助力該委員會外，蓋茨還建議做一些其他方面的宣傳工作，使洛克菲勒家族的慈善事業以更高的姿態進入到人們的視線，而且這還有一個好處——洛克菲勒不在了之後，其後人早晚會接手這些財富，到那個時候這些財富落到誰手中也不可知，會被以什麼名義花出去也不可知。與其這樣，還不如現在好好地利用起來，以洛克菲勒自己以及後代的名義為社會做些積極有益的事情。

蓋茨還進一步建議洛克菲勒，慈善事業要以永久性公司的形確定下來，並且這些慈善事業要形成系統和規模。

按照蓋茨的思路，這之後，就需要通過多方面的宣傳，這樣一來，不管是誰接

收這個事業，都會立馬成為矚目的焦點。努力使這項事業具有足夠大的影響力，經營它的人就像政府工作人員一樣要受到群眾的關切、質詢和批評；大都要引起世界人們的注意，使全世界的明智人們都能對這個機構提出有建設性的批評。

蓋茨的建議是那麼完善與美好，很自然地獲得了洛克菲勒的同意，接下來包括約翰在內的重要管理者都為這項事業的建設貢獻自己的力量。隨著時間的推移，洛克菲勒家族的慈善事業成為當時規模最大的組織，影響力覆蓋全世界，而其資助的領域包括醫療衛生、教育、科學、藝術、宗教，甚至還有扶貧和農業支持等等。

作為虔誠的教徒，洛克菲勒用前半生努力打拼，實現了夢寐以求的富翁夢想，成為美國歷史上第一個億萬富豪。而在洛克菲勒的後半生，他散盡了億萬家財，將其全部運用到慈善中。

此後，洛克菲勒家族把許多錢都投到慈善事業上，以至於他們家族從事慈善事業的規模在歷史上達到了空前的水平。當年，標準石油公司違反托拉斯法被分拆時，老洛克菲勒已經退隱江湖十餘年，專心做慈善，細數下來很多世界知名基金都是洛克菲勒家族提供的。比如，他們向亞特蘭大斯伯爾曼學院的黑人婦女提供教育資金，創立洛克菲勒大學；還創辦了芝加哥大學；成立資產達十多億美元的洛克菲勒基金；就連在民國初期最負盛名的醫療機構——北京協和醫學院也是由洛克菲勒家族於一九一七年創辦的。

洛克菲勒家族的慈善之舉除了和宗教信仰及個人品行有關外，或許美國的法律也為國家公益慈善事業的發展提供了動力。

隨著對壟斷的禁止，規範商務競爭的法律規範也逐步建立，國家開始對富人徵收高額累進稅和遺產稅。這在很大程度上促使了美國富人將錢財更多地投入到慈善事業當中——因為捐款可以免稅。在制度和文化雙重作用下，洛克菲勒家族和其他美國的富人群體形成大體一致的財富觀，即只有對社會有益的財富才是正當的、有益的。

洛克菲勒本人也反覆稱自己只是幫助上帝掌管金錢的管家而已，這些錢最終還是要回饋社會的。洛克菲勒不僅這樣想，還真是這樣做的。退休後的洛克菲勒致力於慈善事業，其不計其數的資金都投入到各種公益事業中去了，不難想像，有無數

人都因為洛克菲勒的資助而享受到極大的幫助。因為洛克菲勒的幫助，這些人能上學了，能看病了，能安心養老了……

有錢不是什麼壞事，但是我們一定要像洛克菲勒一樣努力將這些錢用在最合適、最有價值的地方，讓這些人類共同的財富去更好地惠及社會大眾。

回饋社會是洛克菲勒一直都有的想法，不過出於某些原因，洛克菲勒和慈善事業總是保持著一定的距離，甚是低調。在打算形成系統化的慈善事業時，洛克菲勒毫不保留地表達了這樣一個擔憂，那就是如何平衡行善和自力更生之間的關係。

不管是從宗教倫理還是個人心理來說，接受資助的人很可能增長依賴的情緒，破壞新教的「不勞動者不得食」的主張。洛克菲勒說：「我很怕看到一群一群的乞丐們靠著施捨過日子的現象，儘管乞丐幾乎沒有什麼社會生產能力，可這個現象卻反映出整個社會的浮躁。」

自小便堅持自強奮鬥的洛克菲勒也自然不能容忍社會出現不勞而獲的局面，他不希望自己的捐助變成鼓勵大家做白日夢的理由，他在努力平衡人們心理的同時，還不忘防止打亂現在的社會等級制度。

社會本身就有一套賞罰分明的管理制度，聰明人通過自身努力獲得事業和地位上的回報，失敗者則因為懶惰或是性格上的缺點而不能獲得更多的回報，這樣天然的競爭機制就把優秀人群和普通人群做了一定的區分。

所以說，如果洛克菲勒的捐款一不小心影響到了這種機制，那不僅不能使社會很好的分配資源，還可能挫傷優秀人群的尊嚴和奮鬥意志，助長失敗者的懶惰和僥幸的心理。

因此，洛克菲勒堅持認為，如果自己做慈善事業，一定要慎重地做出選擇，將那些需要在個性上被鼓勵和支持的人們作為幫助對象，使他們通過重塑性格來獲得成功的人生。（林郁）

·第 7 章·

放下，才是快樂的源泉

在前一章中，我講述了更有效地從事慈善事業的方法，在本章裡，我將借此機會談論一下慈善事業中的協同合作，多年來我一直熱衷於這種合作。

在商場上，企業聯合是優化資源配置的有效方式，在慈善事業中，又何嘗不是如此？我覺得，在安德魯‧卡內基先生同意加入普通教育委員會之後，教育慈善事業中的合作理念向前邁進了一大步。對我而言，他既然接受了委員會理事的席位，便意味著委員會的理念獲得了他的首肯，那便是，通過協同合作幫助我們國家的教育機構。

我們每個人都應該感謝卡內基先生用自己的財富資助手足同胞的熱忱，而他為第二故鄉的公益事業所做出的貢獻將世代流傳。

普通教育委員會成立的目的在於系統、科學地解決存在的問題，刺激並發展整個國家的教育事業，而卡內基先生目前也是會員之一。當然，沒有人知道這個組織最終將完成多大的成就，但是在目前的情況看來，在理事會成員的帶領下，它必定會成績斐然。在這裡，我想表達我對這個組織的信心，雖然我並不是理事會的成

員，也從未參加過他們的會議，所有工作都是由其他人完成的。

委員會策劃了一些大型的專案，這些專案我已研究多年，而現在它們正在逐漸成形。值得慶幸的是，在每個大型企業中，總有一些無私、熱心於公益事業的優秀人才。最明顯的現象便是，這麼多大忙人都願意從繁重的工作中抽身，為人類進步的事業出謀劃策，出錢出力。醫生、牧師、律師、政要人物，都在為我們的項目無私地奉獻著自己的力量。

其中便有羅伯特・奧格登先生（Robert C. Ogden）。多年來，他在繁重的工作之餘，仍擠出時間致力於教育慈善事業的發展，而他最大的成就在於改善了南部的公共教育制度。他的付出在未來的日子裡將產生深遠的影響。

幸運的是，在我們業已開始的慈善事業上，我的孩子和我一樣充滿熱情，並且比我更加勤奮。

同時，在金錢的問題上，我們的觀念相同，那便是，君子愛財，取之有道，也需要應用有道。

普通教育委員會一直致力於研究美國高等教育機構的選址、目標、工作、資源、管理、教育理念，以及現狀與前景。委員會每年花費約兩百萬美元的資金，用於進行最透徹的研究，調查國內的各種需求與機會。委員會的記錄是向社會全面公開的。教育慈善事業的捐贈者可以從這些公正客觀的調查結果中，查詢他們需要的資訊。

在我們的國家裡，以個人名義向教育機構捐贈的款項越來越多。資助那些選址不當、管理不善的學校純屬浪費資源。研究證明，花費在失敗的教育項目上的資金如果得到恰當的使用，將足以建立一套完整的高等教育系統。贊助教育事業的善心人在捐贈之前，首先應該更仔細地瞭解他們所要資助的項目，考慮專案負責人的能力，這些專案的管理、選址以及周圍的配套設施。個人很難完成如此周密的調查，人們往往缺乏相關的知識結構，或者考慮不周。然而，如果這項工作交由普通教育委員會完成的話，將會事半功倍。委員會的官員具備相應的智慧、技能以及專業背景，必能提供出色的服務。而今，狹隘的排他主義正在迅速瓦解，各行各業的優秀人才正在聯合起來，共同完成人類進步的偉大課題。

1 借鑑最成功的慈善機構

羅馬天主教在慈善事業上的發展有目共睹。一筆有限的資金在牧師和修女手中所能發揮的效用令我頗為驚訝。

當然，我也十分欣賞其他慈善機構的出色表現，但同樣的一筆資金，在羅馬教堂的調配下，所發揮的功能比在其他教會中大得多。我提及這一點，只是為了強調組織原則的重要性。而羅馬教堂數個世紀以來所形成的強大的組織力與凝聚力，我想我已無需贅述了。

對於這些問題，我一直擁有濃厚的興趣。我的助手們成立了一個具備相當規模的部門，專門處理我們接收到的資助申請。他們的工作地點在紐約——我們的慈善委員會所在地。

單槍匹馬作戰是行不通的，原因我已解釋過多次。每天，我們收到的信件多達幾百封，任何一個人都沒有能力單獨處理這些信件，而寄件人只要稍微動一下腦筋，就會意識到我不可能一個人處理他們的申請。

我們在項目上所獲得的成功，是多年經驗累加的結果，是許多熱心人士共同完成的事業。

2 我們援助的原則

我們專門成立了一個部門，處理每天收到的成百上千的呼籲信，進行閱讀、分類、調查的工作。這項任務並沒有我們之前想像的那麼難。這些信件確實內容各異，寄件人來自世界各地，身處社會的各個階層。然而，五分之四的信件都是直接要求捐錢的，用途是個人使用，而原因是來信人將會對此感激不盡。

不過，仍然有一些有價值、值得引起關注的請求。

這些請求大致可分為以下幾類：

第一，請求捐助當地的慈善事業。來信人所在的鎮或市向全體居民發起呼籲，而好市民便團結朋友和鄉親，寫了這些信，助當地政府一臂之力。然而這些當地的慈善事業，醫院、幼兒園等等設施的建設，不應該在別的地方募捐，而是應該由當地的人民，那些最瞭解當地需求的人們來承擔。

第二，全國性或國際性的呼籲。這些呼籲比較容易引起財力雄厚的大富豪的關注，因為他們的財富足以完成比資助當地慈善事業偉大得多的事業。在世界範圍內，有許多全國性或國際性的大型基督教慈善組織；聲明斐然的富人經常會收到來自世界各地為個人尋求幫助的請求，而明智的贈予者將越來越傾向於選擇那些值得信賴的大型組織，作為替他分配物資及捐款的媒介。這是我一貫的做法，而實踐證明這樣做是明智之舉。

多年來的經驗讓我認識到，一個掌握全面資訊的機構最瞭解哪些地方是最需要幫助的。舉個例子，傳教士為某個特定的目的向富人募捐——比如說，建醫院。要籌集到足夠的資金至少需要一萬美元，富人自然而然會捐贈出這筆款項。而這位前來募捐的傳教士隸屬於一個強大的宗教派別。

假如募捐的請求被提交到宗派的總管人員處，總管人員將發現這個地方並不十分需要建一座新醫院，醫院建在隔壁的社區更合理。隔壁社區的教會無力興建醫

院，將醫院建在那裡的話，可以同時滿足兩個社區的居民的需求。無疑，錢應該用在隔壁的社區。這些情況各個傳道站都知道，但捐錢建醫院的人不一定知道。而在我看來，在捐錢之前，首先諮詢那些掌握全面資訊的人，才是明智之舉。

一些成功人士在面對自身的社會責任時，試圖通過一些理由讓自己的良心得到安慰。例如，有人會說：「我不相信街上的乞丐。」我同意這種觀點，我同樣質疑這種乞討的行為；但這不是逃脫責任的理由，我們仍然可以貢獻自己的一份力量，改善以乞丐為代表的一些人的處境。

我們不輕信乞丐，不屈服於他們的索取，恰恰是我們必須加入並支持社會慈善機構的理由，這些機構能夠做出公正而人性化的判斷，區分出真正需要幫助的群體和騙取同情的無賴。

也許有人會說：「我不相信這些所謂的委員會，因為聽說我們捐贈的錢只有一半甚至更少真正到了需要的人手裡。」在很多情況下，這種說法並不客觀。即使具有一定正確性，捐贈者也不能因此逃脫自己的義務，這絕不是讓人置身事外，完全忽略自身社會責任的藉口。

3 慈善效益最大化原則

在慈善事業上，同樣的，沒有必要在相同的領域重複建設，而是應該加強及完善那些已經開始運作的專案。然而，重複建設的例子很多，而慈善事業最大的困難之一便是確定一個領域是否已經飽和。

很多人在捐贈之前，只是簡單地考慮他們所捐贈的機構是否管理正規，而完全沒有考慮這一領域是否已經飽和；其實，不應該只是單一地考核一個機構，而是應該考核同一領域的所有相關機構。

以下便是一個例子：一群熱心人士計畫興建一家孤兒院。募捐活動開始了，其中有一個捐款人在捐贈之前，總是先詳細地瞭解情況。他問了活動的組織者這個社

區現有的孤兒院一共有多少張床位，情況怎麼樣，孤兒院建在什麼地方，以及這個社區還缺乏哪些福利設施。

組織者對這些問題一個也答不上來，於是他決定自己理清狀況，使這項計畫更加行之有效。

經過調查，他發現，這座城市已經有很多家類似的機構，床位的數量已經遠遠超過需求了，這一領域已經完全飽和。他將這些資訊告知了組織者，而這些資訊顯示完全沒有必要再興建一家孤兒院了。我希望我可以說後來計畫被取消了。但事實並非如此。這些熱心人士善心大發的時候，通常都很少考慮個別人的意見，而是將計畫照常進行，儘管並不合理。

按照這種呆板、僵化的方式行事在很大程度上忽略了個人努力的價值。我認為，協同合作的組織不應該抑制，而是應該加強及刺激個人的積極性。慈善事業中的協同合作正在日益發展，而同時，廣義上的慈善精神也應該得到大力推廣。

4 高等教育的重要性

在慈善活動中，那些與主流意見不合的人無疑會招來很多非議。許多人只是看到了日常生活中最緊迫的需求，而沒有意識到那些稍微隱蔽，卻更為重要的方面——例如，高等教育的重要性。在很大程度上，無知是貧困和犯罪的根源——因此我們需要教育。如果我們協助推進高等教育的發展——無論是在哪一領域——我們將在擴大人類認知水準的疆域產生最廣泛的影響；因為所有的新發現或新發明將成為人類共同的文明遺產。

我認為高等教育的重要性不容忽視。大部分科學、醫學、藝術、文學上的偉大成就都是高等教育的結晶。終有一天，某位偉大的作家將為我們展現這些東西是如

何提升了全人類的生活品質，不管受教育與否，不管社會地位高低，無論貧富。高等教育的發展使生活更加符合我們的願望。

最成功的慈善在於不斷地探索事物的終極性——對根源的追尋，將罪惡扼殺在萌芽狀態的嘗試。我對芝加哥大學的興趣便在於它在具備一所大學所應具備的所有綜合素質的同時，在科研上投入了更多的努力。

5 威廉・雷尼・哈珀博士

提起芝加哥大學這所年輕學府，我的眼前總會浮現出威廉・雷尼・哈珀博士的身影。他的傾情奉獻為芝加哥大學創造了前景無限的未來。

我第一次見到哈珀博士是在瓦薩爾學院（Vassar College），當時我女兒在那裡讀書。周日，他經常受校長詹姆斯・泰勒博士（James M. Taylor）之邀到瓦薩爾學院講課；當時，我週末經常在那裡，於是經常見到這位年輕的耶魯教授，有很多機會與他交談，並在一定程度上感受到他的熱情。

芝加哥大學建立後，哈珀博士擔任第一任校長。我們的目標是聘請最優秀的教授，創辦一家完全不受傳統約束，遵循最現代化的理念的大學。哈珀博士在芝加哥

以及中西部民眾之間籌集了幾百萬美元的資金，並獲得了當地一些領袖人物的讚賞。這是他的過人之處，因為他不僅獲得了物質上的資助，而且得到了忠實的擁護以及強烈的個人興趣——這意味著最大程度的幫助與合作。而他的成就遠超過他自己的想像。

他在大學教育上的崇高理想引發了中西部地區推進高等教育的思潮，帶動了個人、宗教組織、立法機構共同行動，做出行之有效的舉措。現在的人們或許再也想像不到目前中西部地區在大學教育上的成就多大程度上應該間接歸功於這位仁士的智慧。

哈珀博士不僅學識淵博，管理才能出眾，而且具有非凡的個人魅力。在忙碌的工作之餘，哈珀博士及其夫人會時不時到我家裡做客，而這是我們家庭生活的愉快經歷之一。在生活中，哈珀博士是最令人愉悅的好朋友。

能夠為由哈珀博士擔任校長的芝加哥大學捐資，我備感榮幸，然而報紙總是將事情描繪成哈珀博士通過我們的私交來獲取這些捐贈。這個話題為漫畫家提供了源源不斷的創作素材。他們將哈珀博士描繪為一位催眠師，對我施加咒語，或是闖進我的辦公室，我正埋頭從報紙上剪優惠券，而一看到他，我立刻丟下手頭的事情，從窗戶落荒而逃；有的漫畫裡，我站在冰上，順著河流逃跑，而哈珀博士在後面窮追不捨；有的漫畫裡，哈珀博士像俄羅斯故事中的狼一樣，緊跟在我後面，我試圖與他拉開距離的方法唯有丟下一張一百美元的支票，而哈珀博士便會停下來撿。

這些漫畫帶著調侃的意味，雖然其中一些確實具有一定的趣味性，但對哈珀博士來說從來都不是一種幽默。

對他而言，這些漫畫是深深的侮辱，如果他仍在世，他一定會很開心聽到我現在所說的話，那就是，在他擔任芝加哥大學校長的期間，他從未書面也從未口頭向我索取過一分錢。在日常的交往中，在家裡促膝長談的時候，芝加哥大學的財政問題從未成為我們的話題。

在捐助芝加哥大學的問題上，所有流程都與其他的捐贈專案相同。大學的職員書面提出申請，而他們的職責便是負責現金預算，管理財政狀況。他們連同校長每年在一個固定的時間與我們的慈善基金會就他們的需求進行討論。雙方的意見通常完全一致，我不需要再添加任何意見，更不需要任何面談和請願。

這些捐贈對我來說是一種榮幸，原因是，芝加哥大學位於我們偉大國家的中心；它深受當地人民的尊重和熱愛；它所進行的是偉大而意義非凡的事業——總而言之，對於這些捐贈，它受之無愧。它之所以獲得慈善資助，並不是因為什麼會面或請求，而是因為它自身實實在在的價值。

很多人不斷地以慈善事業的名義要求與我會面，認為這是獲得資助的最好的方式，至少是一種不錯的方式，但這種想法是錯誤的。

一直以來，我們所接受的做法是，申請者提交簡明扼要的書面申請，不需要通篇大論。這些申請將由專業人士進行評估。如果我們的助理認為需要安排面談，申請人將接到我們發出的邀請。書面申請為我們的員工提供了調查、諮詢、比較的基礎，同時也為我最終的審核提供了材料。

這是我們進行工作的唯一方式。要求提交書面申請而非進行面談的規定並不是像有些人所想的，是一種無情的拒絕，相反，這是為了對他的項目進行更充分的考核，更全面地瞭解項目的價值——而僅僅面談是無法滿足這一點的。

6 有條件的贈予

財富的贈予很容易會造成禍害。向一些本能夠通過其他管道獲得資金的機構捐贈並不是明智的善行。這種善行只會使慈善的源泉枯竭。

慈善機構任何時候都應該吸收盡可能多的捐贈者。這意味著慈善機構應該不斷地發出呼籲；但這些呼籲得到回應的前提是慈善機構必須做出成績，滿足社會的需求。況且，公眾的關注為明智的理財、公正的管理提供了強有力的保證，同時也意味著持久的支持。

我們的贈予經常是有條件的，並不是因為我們強迫人們必須靠自己的力量盡自己的義務，而是因為我們希望通過這種方式，引發更多人對慈善機構的關注，使盡

可能多的人成為捐贈者，並在後續的日子裡為這些慈善機構提供幫助與合作。有條件的贈予經常受到譴責，而有些時候，只是因為人們不瞭解其中的道理。

善意、理智、公正的批評是一筆財富，每個渴望成功的人都應該歡迎這種批評。而我受到了無數惡意的批評，但憑心而論，我並沒有因此受挫，或者心懷怨恨。我也從未想過批評那些公開向我挑釁的人。無論悲觀主義者的聲音多麼強大，我們都知道世界正在快速而穩定地發展，在遭受挫折與侮辱的時刻，這一點已足以讓我們感覺安慰。

7 慈善事業的托拉斯

現在讓我們回到慈善托拉斯的話題上來吧。慈善托拉斯指的是在慈善事業上引進商業中協同合作的管理方法。這一理念的成功需要掌握實際商業技能的人的幫助。一個優秀的商人理應認識到這個理念的可行性並為之所吸引。而當這一理念最終以某種形式，或以比我們所能預見的更好的形式發揮作用時，我們的努力將顯得多麼有意義！

最好的慈善機構應該由最有才能的人管理，才能得到慷慨而充分的支援。捐贈者可以完全信賴他們，因為他們不僅會對基金進行妥善的管理，而且會讓每一分錢物盡其用。目前，整個慈善業的管理越來越鬆散。很多善心人殫精竭慮籌集而來的

資金，卻因慈善機構管理不當，而變成一種嚴重的資源浪費。

我們不能讓那些能夠在其他領域有所建樹的人淪為籌集資金的奴隸。這應該是商人的任務，而他的任務同時還包括對收支的管理。教師、工人、民眾的領袖應該從與錢有關的小事中解脫出來，致力於耕耘各自的領域，不應該因其他方面的擔憂而分心。

慈善事業的托拉斯的建立必將吸引商界中最優秀的人才，就像商機對他們的吸引一樣。成功的商業人士是一個高尚的階層。有時候我甚至想說，如果我們的牧師更好地瞭解商人及商業的話，將會受益匪淺。我認為，神職人員與商人進一步的瞭解將使雙方受益。

牧師以及那些在教堂中處於重要地位的人在宗教事務上有時會做出令人吃驚的決定，因為這些善良的人幾乎沒有接受過任何世俗世界中的商業訓練。

無論在生意上，還是在教會裡，還是在科學界，人們交往的前提是誠信與信譽。商人只與說真話、信守承諾的人交易；教會的代表們經常指責商人自私、吝嗇，然而商人身上有很多值得他們學習的地方，當這兩種不同類型的人之間的合作更加緊密時，他們將更深刻地體會到這一點。

慈善事業的托拉斯的建立將使慈善業進入一個全新的階段，這些聯合式的慈善機構將辨明事物的真相；它們將鼓勵及支持能力強的工作者和機構；它們將提升慈善工作的標準，幫助人們學會自助。慈善托拉斯正在形成，並且很快將建立，在其理事會中，你將會發現眾多美國人中的精英，這些人不僅懂得如何掙錢，並且承擔起將這些錢合理使用的重任。

幾年前，芝加哥大學十年校慶的時候，我參加了學校的一個餐會。我將在會上發言，於是我事先做了一些筆記。

輪到我發言了，然而，面對著這些家資萬貫、聲名煊赫的來賓，我的筆記突然失去了意義。

這些人的財富和影響力將可以為我們的慈善事業提供多麼巨大的支持，想到這一點，我感到激動不已。於是我丟下筆記，開始推銷我的慈善托拉斯計畫。

我說道：「尊敬的各位來賓，我知道你們一直希望為慈善事業做出貢獻，我也

知道諸位事務繁忙，工作繁重。或許你們會覺得目前仍無力分神調查社會的需求，而你們會在經過充分的考察之後再決定捐助哪些領域。但是，何不像你為自己及兒女儲蓄財富一樣，將資金放入信託機構？你不會將為兒女儲蓄的財富交付給毫無經驗的人，不管這個人有多好。同樣地，捐贈給社會的錢，我們也應該妥善處理，就像我們為家庭儲蓄的錢一樣。慈善托拉斯的理事們將為您處理這些事務。讓我們成立一個組織，一個托拉斯，聘用專業人士，與我們共同合作，妥善並有效地管理我們的慈善基金。我懇請大家，從現在開始行動，不要再等了。」

我承認，我堅信這是一個正確的方向，直到現在仍是如此。

〔番外篇〕

人生難免有沮喪

洛克菲勒曾說：「如果把我身上的衣服全剝光，不留下一毛錢，再扔到荒無人煙的沙漠，只要有一支商隊經過，我還會成為億萬富翁！」

為什麼有人明明很努力，卻還是窮了一輩子？

不是因為他們不會賺錢，更不是因為他們偷懶，而是缺乏——「走出低谷」的智慧。

他是世界上第一位「億萬富翁」，從貧民窟的窮小子到富可敵國的石油大王，洛克菲勒只用了20年的時間。如果把他的財富換算到今天，相當於今天的四千多億美元。

更重要的是，這位頂級富豪是真正從白手起家，一點一滴打拼出來的。

他曾為一份週薪5美元的工作，每天天不亮就要起床；也曾經因為窮，被老師奚落，被同學嫌棄……而這一切，都被他用「抵抗逆境」的智慧一一化解了。

不僅如此，他還把這些財富經驗，用信件的方式傳給了後人，以致於讓洛克菲勒家族整整富了將近7代，至今沒有衰落的跡象。

在《洛克菲勒寫給兒子的38封信》中，我們發現他曾提到：「再次成為億萬富翁」的秘訣，就是記住三句話，看起來很普通，但窮人卻很少能悟透。

如果你正為身處困境而苦惱，不如就從這三句話開始，調整自己。

第一句話：免費是可怕的陷阱

別看洛克菲勒小時候很窮，但他卻一直堅信：免費的東西，無異於毒藥！

人生在世，只有竭盡全力地存好每一分錢，認認真真地花好每一分錢，才能讓自己走出困境。

也正是這種信念，幫助他繞過了很多彎路，尤其在創業中，除了節約簡樸，他還成功地避開了許多坑坑洞洞，快速積累出財富。

為什麼說「免費是陷阱」呢？

一般來說，人們對於免費的東西，是沒有抵抗力的。一次占了便宜沒什麼，但會在潛意識中期待第二次。

一連好幾次，你都拿到了免費的東西，就漸漸對它有依賴了，滿腦子都在想「怎麼能下次還得到免費的」，於是也就不願意再努力付出了。

但是，天下沒有免費的午餐。別人憑什麼一直給你提供無償幫助呢？要麼，對方出於真心想幫你，但幫得了一時，幫不了一世。早晚，你還得憑自己的勞動走出困境。但對於已經習慣不勞而獲的你，就更困難了。

所以，洛克勒從來不會免費給孩子零花錢，而是一定要讓他們通過勞動來換收入。像收拾桌子、洗碗、擦地……都有相應的價目，其目的就是為了防止後代養成「不勞而獲」的思維習慣。

如果有一天，你面前突然「掉下來一塊餡餅」，請一定要讓自己保持冷靜和理

性。仔細分析這塊餅的背後，代表著怎樣的含義。

其實，還有一個更簡單的辦法，就是乾脆對其視而不見。轉身去找那些需要你付出努力，才能換得回報的事做。天下沒有白走的路，即使這些事看起來比「免費的」累，但在積累到一定程度後，勢必會引起質的變化。

第二句話：學會隱藏你的聰明

洛克菲勒對兒子說：「不要總做聰明人，要將你的聰明隱藏起來。」

在他看來，聰明的人都是偷偷成長起來的，高調炫耀自己的聰明，只會引來無謂的嫉妒與麻煩。

尤其在職場中，喜歡展現小聰明的人，往往是第一個受排擠的。

真正聰明的人，都懂得隱藏鋒芒；真正能變富的人，也往往會藏在暗處，運籌帷幄，計畫佈局，不鳴則已，一鳴驚人！

如果剛取得一點成績，你就到處宣揚、炫耀，你會發現自己的運氣越來越不好，日子也越來越難。

為什麼呢？

這還真不是運氣不好的問題，而是嫉妒你的人變多了。

誰也不喜歡看身邊人比自己強，更不用說那些職位比你高，資歷比你老、階級比你高的領導同事了。

所以，在適合的時候裝傻，可以避免來自外界的干擾與阻礙，你才能前進得更快、更穩！

第三句話：相信利益上的友誼

乍聽之下，也許很多人會不以為然；

然而，人生就是這般現實，所以洛克菲勒說：

「我相信建立在生意上的友誼，遠勝過建立在友誼上的生意。」

畢竟建立在「感覺」上的合作太脆弱了，一旦涉及利益，就連親人都會反目，

更不用說萍水相逢的朋友了。

在利益面前，本來稱兄道弟的好哥們兒，也會瞬間反目，最後不但生意沒做成連朋友也沒得做了。

所以，如果能避免的話，請你儘量不要和熟人合作、創業、做生意。而是要在做事的過程中，按照「價值交換」的對等原則，找到合適的人，在沒有任何的人情包袱之下，同心協力與自己共同打拼！（林郁）

〈全書終〉

國家圖書館出版品預行編目資料

洛克菲勒起點並不會決定終點／約翰・D・洛克菲勒（John. D. Rockefeller）著；初版 – 新北市；新潮社文化事業有限公司，2025.06
面；　公分
ISBN　978-986-316-944-4（平裝）
1.CST：人生哲學　2.CST：成功法

191.9　　114004318

洛克菲勒起點並不會決定終點

約翰・D・洛克菲勒著

【策　劃】林郁
【制　作】天蠍座文創
【出　版】新潮社文化事業有限公司
電話：(02) 8666-5711
傳真：(02) 8666-5833
E-mail：service@xcsbook.com.tw

【總經銷】創智文化有限公司
新北市土城區忠承路 89 號 6F（永寧科技園區）
電話：(02) 2268-3489
傳真：(02) 2269-6560

印前作業　菩薩蠻電腦科技有限公司
東豪印刷事業有限公司
福霖印刷企業有限公司

初　　版　2025 年 07 月